너도 씨앗을 품게 될 거야

어른과 아이가 함께 읽는
생태 이야기 책

지은이 박고은
그린이 김수나

木水冊房 목수책방

여는 글

이 책은 우리 곁에 살아가는 '생명들의 이야기'를 다양한 방식으로 담아낸 작은 선물 꾸러미입니다. 누구나 지치고 무력할 때가 있지요. 그때마다 저를 위로한 것은 '이야기'였습니다. 내가 겪는 어려움을 가족과 친구에게 '이야기'하고, 사랑과 지혜가 담긴 '이야기'를 들으며 다시 살아갈 힘과 용기를 얻곤 했습니다. 그러나 어느 순간, 얼굴을 마주하고 이야기를 주고받는 일이 쉽지 않다는 사실을 깨닫게 되었습니다. 각자 분주한 삶을 살아가고 있고, 서로 처한 상황도 다르니, 만족할 만할 대화를 나눌 시간이 점점 줄어들고 있다는 생각이 듭니다. 실시간으로 시시콜콜한 소식을 주고받을 수 있는 시대를 살아가고 있지만, 조금 더 무르익은 이야기가 꼭 필요한 때에 누군가에게 가 닿을 수 있도록 '기록'하면 좋겠다는 결론에 이르렀습니다.

이 책에 수록된 이야기 중 처음 쓴 글은 '느티나무'입니다. 공무원문예대전에 출품할 요량으로 글을 쓰며 글쓰기의 재미를 오랜만에 다시 느껴 보았습니다. '느티나무' 이야기를 쓴 이후로 마음이 무너졌을 때, 무거운 솜이불을 이고 있는 듯한 답답함과 무력감을 느낄 때, 나를 한없이 끌어당기는 힘을 거스르고 싶은 마음이 들 때마다 우리 주변의 다른 생명에 관한 이야기를 짓고 글을 썼습니다. 이전에는 마음에 가득 차오르는 이야기가 있을 때 주로 노래를 지어 부르곤 했습니다. '온봄'이라는 이름으로 '이건 약과지', '위로송', '시간을 잇는 숲' 등의 노래를 만들어 불렀는데, 노래하고 나면 마음이 한결 가벼워지곤 했습니다. 마찬가지로 나와 우리와 연결된 생명에 관한 이야기를 상상하고 글로 풀어낼 때마다 글이 구겨진 나의 마음을 다려 주고 있구나, 하는 느낌을 받았습니다.

그렇게 글을 쓰다 보니 우리와 공존하는 많은 생명에 대한 이야기를 더 쉽고 재미있게 풀어내고 싶어졌습니다. 저는 작은 산으로 둘러싸인 경기도 안산安山의 작은 마을에서 어린시절을 보내고, '환경지킴이'가 되겠다는 꿈을 품고 대학에서 산림생태학을 공부했습니다. 졸업 후 연구자로 지내면서 산에서 길에서 마주한 생명들이 우리 삶과 연결되어 있다는 점을 더 많은 사람과 나누고 싶다는 생각을 자주 하게 되었습니다. 그래서 제가 지은 동화, 시, 편지, 대화 형식의 글이나 어린시절에 쓴 글 등을 모아 짧은 에세이와 짝을 이루어 독자들이 읽을 수 있도록 정리했습니다.

이 책은 무엇보다 어른과 아이가 함께 읽으며 대화할 수 있었으면, 하는 마음으로 썼습니다. 책을 읽은 어른과 아이가 우리와 함께 살아가는 뭇 생명을 애정 어린 눈으로 관찰하고 그에 관한 이야기를 함께 나누었으면 좋겠습니다. 이야기가 더 깊고 풍성해지도록 각 이야기의 끝에는 음악과 책, 길 위의 경험으로 이어질 작은 제안들을 담았습니다. 읽다가 자연스레 '나도 이런 것을 해 보고 싶다'는 마음이 번지기를 바랍니다.

'느티나무'의 초고를 쓴 이후 저에게는 두 딸이 생겼습니다(2026년 현재 일곱 살, 여섯 살). 훗날 나의 아기들이 이 글을 읽으며 엄마의 마음을 엿볼 생각을 하니 정말로 하고 싶은 이야기만 길어 올리고 싶었습니다. 모쪼록 이 책이 사랑하는 두 딸과 독자 여러분 모두의 삶에 감추어진 보물, 살아갈 이유, 꿈의 씨앗을 찾는 여정에 작은 도움과 위로가 되었으면 좋겠습니다.

2026년 1월

박고은

차례

풀은 엉엉 울었습니다.

"내가 얼마나 열심히 여기까지 왔는데, 왜 아무도 나를 바라봐 주지 않는 거야!"

속상한 마음에 목청껏 소리 내어 울고 싶었지만, 풀은 소리를 낼 방법이 없습니다. 다만 살랑 바람이 일 때, 힘껏 몸부림치며 한들거릴 뿐이었습니다.

풀은 운동장 한편 구석진 곳에서 한 뼘도 벗어날 수 없습니다.

"나도 저 나무처럼 하늘을 향해 쭉쭉 뻗어 나가고 싶단 말이야."

풀은 나무가 부러웠습니다. 땅속 깊숙이 뿌리를 든든하게 내린 나무는 하늘로도 뿌리 같은 줄기를 쭉쭉 뻗어 내고 있는데, 그 모습이 참 멋져 보였습니다. 그리고 나무에게 허락된 시간도 풀보다 분명 길었습니다. 풀은 꽃을 피우고 한 해를 살면 사라지고 마는지라 그것이 참 속상했습니다.

"내게는 시간이 얼마 없다고! 그런데 이게 뭐야. 나는 있으나 마나 한 존재인 거야?"

그 무렵, 어디선가 웅성웅성 수군거리는 소리가 들렸습니다.

"여긴가?"

"이쯤인 것 같은데?"

"어! 저기 보이는 것 같아!"

자박자박, 다부진 발걸음 소리가 풀에 점점 가까워졌습니다.

"찾았다!"

풀을 찾아온 것은 풀에 달린 꽃만큼이나 작고 검었습니다. 다리가 몸통 양쪽에 각각 세 개씩 달려 있어 여기저기 돌아다닐 수 있는 모양이었습니다. 이 와중에 풀은 그것도 참 부러웠습니다.

"안녕! 네가 꽃마리니?"

작고 검은 것이 갑자기 말을 걸어 오는 바람에 풀은 깜짝 놀라 말을 더듬었습니다. 나의 이름을 정확히 불러 준 건 이들이 처음이었습니다.

"어, 응, 그, 그런데 너희는 누구니?"

"응. 우리는 개미라고 해."

"그렇구나! 그, 그런데 내 이름은 어떻게 알아?"

"네 이야기를 많이 들었거든. 너의 꽃가루를 다른 꽃마리와 만나게 해 주는 일이 바로 우리가 해야 할 일이랬어!"

나와 연결된 다른 존재가 있었다니! 세상에 덩그러니 혼자인 줄 알았던 풀은 내심 반가웠습니다.

"그런데 내가 여기 있는 건 어떻게 알고 찾아온 거야?"

"네 아름다운 꽃 덕분에! 듣던 것보다 넌 참 아름답구나!"

개미의 말을 들은 꽃마리는 어리둥절했습니다.

'내가 아름답다니! 이게 무슨 말이야?'

그토록 듣고 싶은 말이었지만, 막상 처음 보는 이에게 들으니 마음에 와닿지 않았습니다. 그러나 울적했던 기분이 조금 나아진 것 같았습니다.

이때 개미가 말했습니다.

"꽃마리야, 네가 그간 부지런히 물과 양분을 마시고, 햇빛을 받고, 꽃을 피워 낸 덕분에 우리가 너를 찾을 수 있었던 거야. 열심히 꽃을 피워 주어서 고마워!"

이어서 개미가 물었습니다.

"꽃마리야, 혹시 네 꽃가루를 좀 가져가도 되겠니?"

꽃마리는 잠시 망설였습니다. 그렇지만 내가 가지고 있는 것이 필요하다니, 마음이 넉넉해지는 기분이 들었습니다.

"응, 가져가렴!"

"고마워! 보답의 의미로 저기 수돗가에 있는 꽃마리한테 받아 온 꽃가루를 줄게."

개미는 그렇게 꽃가루를 옮기고 홀연히 떠났습니다.

다시 홀로 남은 꽃마리는 개미와 만났던 순간을 곰곰이 생각해 보았습니다. 그리고 엄마가 해 준 말이 떠올랐습니다. 엄마 품속에서 영글어 가던 씨앗 시절, 엄마는 늘 이렇게 말해 주었습니다.
"너는 참 아름답고 귀한 생명이야. 너의 시간을 충만하게 누리렴."
엄마는 아기 꽃마리를 땅에 내려놓고는 흙으로 돌아갔습니다.

당시에는 엄마가 해 준 말의 의미를 잘 몰랐습니다. 다만, 그 품이 참 따뜻했기에, 그 말도 따뜻하게 다가오기는 했습니다. 그래서 목마를 때는 물을 마시고, 배고플 때는 흙속 양분을 먹기 위해 거친 흙 사이로 열심히 여린 뿌리를 내렸던 것입니다. 힘을 내기 위해 햇빛을 충분히 받으려고 여린 잎을 하늘 향해 힘껏 펼치기도 했습니다. 그러다 보니 어느새 꽃봉오리가 맺히고 굽었던 등이 서서히 펴지며 꽃이 하나둘 피었던 것입니다. 그러고 보니 꽃마리는 엄마 품을 떠난 이후로 단 한순간도 시간을 허투루 보내지 않았습니다. 꽃을 피워 내던 순간의 감격이 다시 생생하게 떠올랐습니다.
개미가 떠나기 전, 꽃마리에 해 준 이야기가 있습니다.

“네 꽃가루는 다른 꽃마리에 가 닿게 될 테고, 그럼 그 꽃마리도 비로소 씨앗을 품게 될 거야.”

“아하!”

꽃마리는 잠시 꽃을 피웠다가 금세 흔적도 없이 사라지는 허무한 존재가 아니었습니다. 또 다른 생명을 살게 하는 귀한 생명이었던 것입니다!

꽃마리는 주위를 찬찬히 둘러보았습니다. 재잘거리며 저마다의 시간을 충만하게 누리는 다른 생명들이 이제야 눈에 들어왔습니다.

자세히 들여다보아야 발견할 수 있는 아름다움

꽃마리를 처음 알게 되었을 때가 생생하게 기억납니다. 전공 필수 과목이었던 '산림식물분류학' 실습 시간이었습니다. 초본의 종을 식별하는 방법을 배우는데, 쪼그리고 앉아 바닥에 피어 있는 들꽃을 아주 유심히 바라보아야 했습니다. 그중에서도 꽃이 정말 작은 꽃마리를 보았을 때 이루 말할 수 없이 경이롭다고 느꼈습니다. 달팽이집 무늬처럼 돌돌 말려 있던 줄기가 서서히 풀리며 고개를 들 때, 줄기 끄트머리 꽃대에 줄지어 달려 있던 꽃들도 차례차례 모습을 드러냅니다. 꽃잎은 대체로 연한 하늘색이나 쪽빛을 띠고, 꽃잎이 모여 나는 중앙으로 갈수록 섬점 색이 옅어지다가 암·수술이 있는 곳은 노랗습니다. 꽃은 지름이 약 2밀리미터밖에 안 되지만 아름다운 빛깔이 절묘한 조화를 이루며 야무지게 모여 난 꽃잎이 몹시 아름답습니다.

아주 특별한 아름다움을 지닌 꽃마리는 우리 주변에서 흔히 볼 수 있습니다. 자세히 들여다보지 않으면 꽃이 피어 있는지조차 알기 어렵습니다. 잡초 취급 받아 도매금으로 뽑혀 나가기 일쑤입니다. 그러나 저는 이제 달리는 버스에서 보이는 창밖 풍경에서도 꽃마리를 금세 찾을 수 있습니다. 그리고 길을 가다 꽃마리를 발견할 때면 함께 걷던 이들에게 꽃마리의 꽃이 피었노라고 알리며 그 아름다움을 향한 찬사를 늘어놓습니다. 홀로 걸을 때는 가던 길을 잠시 멈추고 들여다보며 말을 겁니다. "꽃마리야, 안녕? 너 참 아름답구나."

이야기 속 꽃마리는 마치 저와 같습니다. 그래서 꽃마리 이야기에 제 마음을 가득 실었습니다. 꽃마리가 엉엉 우는 것으로 이야기를 시작하게 된 것도 이 글을 쓸 때 제가 울고 있었기 때문입니다. 첫째 아이를 낳고 돌보다가 1년 만에 직장으로 돌아가니 그 사이 동료들의 실력이 꽤 성장해 있었습니다. 제가 연구하는 현장은 구상나무와 분비나무 등이 분포하는 고도 1000미터 이상 되는 높은 산지였는데, 연년생으로 태어날 둘째를 품고 복직한 터라 현장 연구를 직접 수행하기 어려운 상황이었습니다. 다른 사람들은 빛나 보였고, 제 마음은 위축되었습니다. 혼자만 뒤처지는 것 같아 속상했고, 조직에서 제가 소용없어질까 봐 불안했습니다. 아이가 잠든 새벽, 윗방에 앉아 움츠러든 마음을 부여잡고 소리 죽여 울었습니다. 눈물을 쏟아 내다가 그간 제목만 써 놓고 진척이 없었던 '꽃마리'의 글 문이 열렸습니다. 그 자리에서 단숨에 써 내려간 이야기는 저에게도 위로가 되었습니다.

그로부터 1년 뒤, 저는 두 번째 출산을 한 후 금세 복직했습니다. 일에 여전히 애정을 가지고 있었고 열심히 하고는 있었지만, 아기 둘을 돌보는 일은 한 아이를 돌보는 것과 차원이 달랐습니다. 일-양육-가사 트라이앵글의 균형을 맞추기 위해 아슬아슬하게 애쓰던 차에 마음이 와르르 무너지는 일이 일어났습니다. 누군가로부터 "공백이 있던 너에게 기대하는 사람은 아무도 없으니 일에 욕심내지 말라"는 이야기를 들은 것입니다. 이곳에는 순화해서 옮길 수밖에 없지만, 실제로 제가 들은 말은 보다 적나라했습니다. 잠을 제대로 이루지 못하는 밤이 여러

날 이어졌습니다. 제가 애정을 쏟아 일하는 곳에서 누구의 기대도 받지 못한다고 생각하니 매우 절망스러웠습니다. 훗날 이 말은 마음에 담을수록 의미를 잃고 상처만 남긴다는 사실을 인지하게 되었습니다. 정신을 차리고 나니 꽃마리가 다시 읽혔습니다. "내가 너의 아름다움을 안단다. 그러니 힘을 내렴" 하고 말을 걸어 주는 이의 위로와는 상관없이, 누군가의 관심을 받거나 받지 못하거나 상관없이 꽃마리는 생의 사명을 다하고 있겠거니 생각하면 숙연해집니다. 이 일을 계기로 관심과 인정을 초월해 제게 주어진 삶에 최선을 다해 보겠다고 생각했습니다. 그래도 가끔은 몸이 바스러지도록 애쓰는 저에게 따뜻한 마음 포개 줄 이가 기다려지기도 합니다.

◆ 함께 들어 보아요

'꽃'이라는 단어에서 어떤 그림이 연상되나요? 볏과와 사초과 풀이 피우는 꽃의 모습은 우리가 생각하는 전형적인 꽃과 다릅니다. 벼의 꽃은 눈에 잘 보이지도 않고 화려하지도 않습니다. 하지만 벼꽃이 수정해 맺는 결실이 바로 우리 밥그릇을 채워 주는 쌀알이지요. 루시드폴의 '벼꽃'은 사람들이 있는지조차 모르는, 눈에 띄지 않게 아주 잠시 피었다가 지는 벼꽃이 들려주는 이야기를 노래합니다. 가사를 음미하며 들어 보세요.

벼꽃

보이지 않는다고
나를 사랑하는지 묻진 말아요
햇살 쏟아지던 여름
나는 조용히 피어나서
아무 흔적도 없이
사라지는 가을이 오면
이런 작은 사랑 맺어준 이 기적은
조그만 볍씨를 만들 거예요
향기가 나진 않아도
그리 화려하진 않아도
불꽃같던 내 사랑을

의심하진 말아 줘요
모두들 날 알지 못한다고 해도
한번도 날 찾아본 적 없다 해도
상관없어요
난 실망하지 않으니
머지않아 나락들은
텅 빈 들판을 채울 테니
눈을 크게 떠 날 찾아도
더 이상 난 보이지 않을지도 몰라
하지만 내가 생각난다면
불꽃같던 내 사랑 하난 믿어 줘요

루시드폴,
〈레미제라블Les Misérables〉, 2009

• 함께 읽어 보아요

김근희, 《들꽃이 핍니다》, 한솔수북

꽃마리를 비롯한 여러 들꽃의 모습을 한 땀 한 땀 수 놓아 정성스레 담은 그림책입니다. 우리 주변에는 사람들의 시선을 받지 못해도 늘 충실히 제 역할을 다하며 아름답게 피어나는 풀꽃이 있습니다.

• 함께 찾아보아요

초봄에 우리 주변에서 꽃마리를 찾아봅시다. 화단, 가로수 밑, 공터, 보도블록 사이 등 우리의 생활공간 가운데 흙이 있는 곳이라면 쉽게 찾아볼 수 있습니다. 꽃마리는 여러 종류가 있는데, 다양한 꽃마리가 궁금하다면 국가생물종지식정보시스템www.nature.go.kr에서 '꽃마리'를 검색해 보세요.

느티나무

둥글게 솟은 작은 산들로 둘러싸인 마을에는 작은 측백나무가 초록 담을 이루는 학교가 있습니다. 운동장 안쪽 정문 가까이, 봄이면 수줍은 꽃마리와 민들레의 꽃이 수북이 피고 지는 모습이 아름다운 곳에 느티나무가 살고 있었습니다. 아름다운 것을 좋아하는 새와 아이 들이 이 정원에서 놀다 가는 덕분에 느티나무는 심심하지 않았습니다.

느티나무가 울타리 위로 살짝 보일 정도로 커졌을 무렵, 학교 옆에 작은 창고가 생겼습니다. 느티나무는 창고가 어떤 곳인지 너무나 궁금했습니다. 창고로 들어가는 문은 좁고 낮았지만, 그곳으로 들어가는 나무들이 만날 세상은 어쩐지 넓고도 다양할 것 같았습니다. 바람이 사납게 불던 지난여름, 뒷산에서 가장 무거운 참나무가 번개를 맞고 쓰러지자 동네 아저씨들이 "영차, 영차" 힘을 모아 쓰러진 참나무를 창고로 데려다 주었습니다. 건넛마을에서 온 소나무는 다른 나무들보다 작고 울퉁불퉁하게 자랐다고, 산을 가꾸는 일꾼들이 베어 버린 것을 창고 주인인 목수 할아버지가 주워 온 것이었습니다.

여러 나무가 저 좁고 낮은 창고 문 안으로 들어간 후에는 창고에서 경쾌하고 다정한 소리가 끊이지 않고 들렸습니다.

"뚝딱뚝딱 쓰윽쓰윽!"

그리고 창고에서 소리가 잠시 멈추는 날에는 목수 할아버지가 어김없이 그 좁고 낮은 문으로 멋진 물건을 들고 나왔습니다.

'나도 저곳에 가고 싶어!'

느티나무가 창고에 가고 싶은 마음이 생긴 건 어디든 자유롭게 날아다니는 새의 이야기를 들은 때부터였습니다. 새가 전해 주는 마을 곳곳의 이야기를 듣다 보니 가만히 한 장소에서 뿌리내리고 있는 게 답답하게 여겨졌습니다. 그런데 창고에 가면 다른 나무들이 그랬던 것처럼 분명 멋진 모습이 되어 정원 밖 세상을 여행하며 구경할 수 있을 것 같았습니다.

봄, 여름, 가을, 계절의 빛을 입었다 벗기를 수십 차례 하다 보니, 어느덧 느티나무의 잎과 가지가 제법 큰 그늘을 드리우게 되었습니다. 이제 느티나무는 새들이 나뭇가지 곳곳에 둥지를 틀고, 아이들이 그늘 아래에서 술래잡기와 고무줄놀이도 할 수 있을 정도로 자랐습니다. 작은 정원이 온통 느티나무 차지가 될 무렵, 마을과 시내를 잇는 길을 넓히는 공사가 시작되었습니다. 사람들은 정원을 길로 만들기 위해 느티나무를 베었습니다. 베어 낸 느티나무는 공사장 한쪽에 버려졌습니다. 그리고 드디어 오늘, 느티나무도 창고로 가게 되었습니다. 느티나무를 창고로 데려온 목수 할아버지의 손과 이마에 깊어진 주름은 마치 느티나무 몸통에 생긴 주름 같았습니다.

'드디어 나도 이곳에 왔구나!'

느티나무는 창고 안 풍경이 모두 신기했습니다.

"안녕? 나는 뉴질랜드소나무라고 해. 반갑다. 너는 어디서 왔니?"

그토록 바라던 창고 안 구석구석을 신기하게 둘러보던 느티나무에게 먼저 말을 건 나무는 피부가 하얗고 매끈해서 눈이 부실 정도였습니다. 이틀 전 목수 할아버지가 커다랗고 낡은 나무판자를 들고 들어가던 모습이 생각났습니다.

"혹시 이곳에 엊그제 들어오셨나요?"

"어머, 어떻게 알았니? 나는 이틀 전에 이곳에 왔어. 전에는 주로 큰 배에 실려 세계 여행을 했지. 나는 먼 곳으로 옮겨야 하는 세상의 모든 것을 담는 상자였어. 그러다가 어딘가에 내려졌고, 여행이 끝난 줄 알았어. 제법 익숙해졌던 뱃멀미를 이제 안 해도 되겠다 싶었는데, 글쎄 사람들이 나를 불태우려 하는 거야. 이젠 재가 되는 일만 남은 줄 알았는데, 때마침 지나가던 할아버지가 나를 구해 주었어. 그리고 그 할아버지가 내 몸 구석구석을 문질러 이렇게 뽀얗고 빛나게 해 주었지."

뉴질랜드가 고향이라는 나무판자는 느티나무가 자신을 알아봐 준 게 신이 났는지 더 말을 걸 틈도 주지 않고, 이야기보따리를 풀어 놓았습니다. 느티나무는 세계 곳곳을 여행한 나무판자가 부러웠습니다. 그리고 하얗고 매끈한 나무판자에 말했습니다.

"참 다행이에요. 그리고 마을을 여행하게 되었으니 축하 드려요."

"응? 내가 여행하게 될 거라고?"

"네, 이곳을 거쳐 간 나무들은 모두 목수 할아버지가 멋진 모습으로 변신시켜 주었어요. 새로운 풍경을 구경하게 될 거예요. 뒷산에서 온 단단한 참나무는 책장이 되어 책 읽기 좋아하는 기웅이네 집으로 갔고, 향기가 좋은 이웃 마을 소나무는 도마가 되어 요리하기 좋아하는 수봉이네 집으로 갔어요."

느티나무가 그동안 밖에서 보아 온 것은 좁고 낮은 창고 문 안으로 무언가가 들어가고 나오는 모습이 전부였습니다. 그렇지만 자유로이 날아다니며 재잘재잘 온갖 소식을 전해 주는 새들에게 들은 이야기를 덧대 이 매끈하고 하얀 나무판자에게 자신 있게 이야기해 주었습니다.

"오! 그렇구나! 기대되는 걸!"

느티나무 이야기를 들은 나무판자는 더욱 신이 났습니다.
"뚝딱뚝딱 스윽스윽!"
얼마 지나지 않아 뽀얗고 하얀 나무판자는 든든하고 멋진 책상이 되어 좁고 낮은 창고 문밖 세상으로 나갔습니다.
창고에는 밤이면 이따금 달빛이 드리우고, 낮이면 새들의 경쾌한 노랫소리가 천장의 거미줄을 간지럽혔습니다. 홀로 남은 느티나무는 궁금했습니다.
'나는 언제쯤 어떤 모습으로 저 문밖을 나가게 될까?'

하지만 거센 바람이 불고 큰비가 내리는 여름이 지나고, 낙엽 바스러지는 가을을 지나, 온 세상이 꽁꽁 어는 겨울이 되도록 목수 할아버지는 느티나무를 창고에 그대로 두었습니다. 문이 열리는 소리에 느티나무가 잔뜩 기대한 날에도 목수 할아버지는 느티나무를 이리저리 살펴볼 뿐, 그 어떤 것도 하지 않았습니다.
'혹시 내 몸에 주름이 너무 많아서일까?'
느티나무는 몸속에 있는 얼룩덜룩한 무늬가 마음에 걸렸습니다. 햇살을 받으며 숨 쉴 때마다 키가 자라고 몸이 자라면서 생긴 몸속 무늬가 가지런하지 않고 울퉁불퉁해서 목수 할아버지가 망설이는 것만 같았거든요.

여느 때처럼 별빛이 드리우고, 새벽이슬이 거미줄에 송알송알 맺혔다가 사라진 어느 날 아침, 좁고 작은 문틈으로 벚꽃 향기가 은은하게 스며들어 왔습니다. 그리고 목수 할아버지가 창고 안으로 들어왔습니다.

"이제 때가 되었구나. 작업을 시작해 보자."

"쓱싹 쓱싹!"

우선 큰 톱으로 느티나무를 몇 개의 판으로 나누었습니다.

"쓱쓱!"

목수 할아버지가 대패질을 하자 종잇장처럼 얇은 대팻밥이 용트림하듯이 나왔습니다.

"쓱쓱싹싹 쓱쓱싹싹!"

목수 할아버지의 손이 바삐 움직였습니다. 할아버지는 사포로 거친 느티나무를 정성스럽게 문질러 주었습니다. 할아버지의 이마에 난 깊은 주름을 따라 굵은 땀방울이 송골송골 맺혔습니다.

"똑똑딱딱 똑똑딱딱!"

작은 망치로 느티나무 판의 이음매를 두드려 맞춘 목수 할아버지의 입가에 깊은 미소가 번졌습니다.

"오, 참 아름답구나. 사랑 많이 받는 독서대가 되어 주렴."

'아, 내가 독서대가 되었구나!'

목수 할아버지의 말을 들은 느티나무는 독서대가 무엇인지 잘 몰랐습니다. 그러나 어쨌든 곧 여행을 떠나게 된다는 생각에 마음이 한껏 부풀어 올랐습니다. 오래도록 아름다운 빛을 내라고 나무 표면에 발라 준 콩기름의 고소한 냄새가 느티나무 향과 잘 어우러졌습니다. 이제 여행을 떠날 준비가 모두 끝났습니다. 좁고 낮은 창고 문이 활짝 열렸습니다.
"가자꾸나."

목수 할아버지는 느티나무 독서대를 정성스럽게 포개 옆구리에 품고 마을로 걸어갔습니다. 목수 할아버지가 발걸음을 옮길 때마다 전해지는 진동은 드디어 여행을 떠난다는 생각으로 마음이 몽글몽글해진 느티나무 독서대를 더욱 들뜨게 했습니다.
"우아, 느티나무야, 너는 멋진 독서대가 되었구나?"
정원을 길에 내 주기 전까지 느티나무 가지에 둥지를 틀고 마을 이야기를 전해 주던 새가 재빨리 알아보고 말을 걸었습니다.
"오, 반가워. 그리고 내 모습을 멋지게 봐 주어서 고마워. 그런데 독서대는 어디에 쓰는 물건이야?"
자유롭게 날아다닌 덕분에 많은 것을 알고 있는 새는 친절하게 답해 주었습니다.

"독서대는 사람들이 편한 자세로 책을 읽을 수 있도록 도와주는 물건이야. 책을 독서대에 올려놓고 읽는 거지."

느티나무는 자신이 사람들에게 도움을 주는 물건이 되었다는 새의 말에 기분이 더 좋아졌습니다.

'책을 읽을 때 도움을 준다고 했으니, 나는 책을 좋아하는 기웅이네 집으로 가게 될까? 거기에 가면 참나무 책장을 만나 이야기 나눌 수도 있겠네!'

새의 이야기를 되뇌며 이런저런 상상을 하던 사이, 목수 할아버지의 발걸음이 어느 집 문 앞에서 멈추었습니다.

"똑똑똑!"

할아버지가 문을 두드렸지만 집 안에서는 아무런 소리도 나지 않았습니다.

"계세요?"

목수 할아버지가 조금 큰 소리로 불렀더니, 드르륵, 하고 마당으로 나오는 마루 문 여는 소리가 들렸습니다.

"아니, 선생님이 여기에는 어쩐 일이세요?"

조금 놀란 목소리로 대답하며 문밖으로 나온 사람은 허리가 구부정한 할머니였습니다. 느티나무 독서대는 이곳이 말로만 듣던 기웅이네 집이 아니라는 사실을 금방 알아챌 수 있었습니다. 마당에는 고구마 밭을 일굴 때 쓰는 가래, 밭을 매거나 봄나물을 캘 때 쓰는 호미와 소쿠리 등 크고 작은 농기구가 가지런히 놓여 있었습니다. 물건이 많지는 않았지만 작은 마당이 가득 차 보였습니다. 그리고 할머니가 나온 문 너머 방은 조그맣고 어두웠습니다. 얼핏 봐도 이런 곳에는 참나무 책장은커녕 책도 몇 권 있지 않을 것 같았습니다. 무엇보다 이 집에서는 할머니 말고 다른 사람의 기척이 느껴지지 않았습니다.

"독서대를 만들어 왔어요. 책상에 두고 오다가다 보시면 좋을 것 같아서요. 이건 학교 운동장에 있던 느티나무로 만든 거예요."

"학교 운동장에 있던 느티나무라고요? 고맙습니다."

그 순간 느티나무는 독서대를 받아 든 할머니의 눈가에 작고 영롱한 이슬이 맺히는 것을 똑똑히 보았습니다.

'혹시 울퉁불퉁한 내 무늬가 마음에 들지 않는 건가?'

느티나무 독서대는 자신의 얼룩덜룩한 무늬 때문에 할머니가 실망한 것은 아닌지 신경이 쓰였습니다.

몸집이 작고 허리가 구부정한 할머니는 목수 할아버지에게서 받은 느티나무 독서대를 작은 방 책상 위에 두었습니다. 그러고는 독서대를 가만히 바라만 보았습니다. 할머니의 눈빛은 슬퍼 보였습니다. 느티나무 독서대는 이곳으로 오는 길에 새와 나눈 대화가 생각났습니다. 새의 말대로라면 독서대 위에는 책을 올려놓아야 하는데, 며칠이 지나도록 할머니가 책을 올려놓지 않으니 뭔가 잘못된 것 같다는 생각이 들었습니다. 이것은 느티나무 독서대가 꿈꾸던 멋진 여행과는 전혀 달랐습니다. 차라리 좁고 낮은 창고 문 안으로 다시 들어가 버리고 싶다는 생각도 했습니다.

그러던 어느 날 오후, 햇살이 책상 위에 가만히 드리웠을 때 할머니가 거칠고 주름진 손으로 보드랍고 고소한 향이 배어 있는 느티나무 독서대를 어루만졌습니다. 그 손길에서 나른한 햇살보다 더 짙은 온기가 전해졌습니다. 할머니의 앙다문 입술에 깊은 미소가 번졌습니다. 그 순간 신기하게도 느티나무 독서대는 자신이 마음에 들어 하지 않던 울퉁불퉁 얼룩진 무늬가 아무렇지 않게 느껴졌습니다. 바로 그때 몸집이 작고 구부정한 할머니가 앙다물었던 입술을 열고 말했습니다.

"우리 아이가 뛰어놀던 운동장에서 왔구나. 너는 그곳에서 아이가 자전거 타는 모습도, 고무줄놀이하는 모습도, 친구들과 호탕하게 웃고 떠드는 모습도 다 지켜보았겠지? 내 곁을 떠난 아이가 많이 보고 싶었는데……. 이제는 너를 통해 아이를 더 가까이 만날 수 있게 되었구나. 그래서 나는 세월을 입은 너의 이 흔적이 참 좋단다. 나에게 와 주어서 고맙다."

고맙다는 할머니의 말을 듣고 움츠러들었던 느티나무 독서대의 마음이 활짝 펴졌습니다. 무엇보다 울퉁불퉁 얼룩진 무늬가 좋다니, 느티나무 독서대는 기뻐서 당장이라도 새처럼 날아갈 수 있을 것만 같았습니다.

그날 밤, 조그마한 창문 너머 은은하고 영롱한 별빛이 책상 위에 내려앉았습니다. 느티나무 독서대는 곤히 잠든 할머니를 가만히 바라보았습니다. 오래전 운동장에서 유난히 밝고 유쾌하게 노닐던 아이의 모습이 떠올랐습니다. 미소가 할머니와 참 많이 닮은 아이라는 생각을 했었지요. 내일도 모레도 할머니는 책을 올려놓지 않을 것 같습니다. 그래도 느티나무 독서대는 자기가 느티나무 독서대라서, 울퉁불퉁 얼룩무늬에 세월을 간직한 나무라서 참 다행이라는 생각을 했습니다.

나이테,
오랜 세월이
새겨진
'기억 저장고'

오스트리아 비엔나에 있는 벨베데레Belvedere 상궁전upper palace 로비에 가면 커다란 기둥 네 개가 높은 천장을 받치고 있는 모습이 보입니다. 각 기둥에는 그리스 로마 신화에 나오는 헤라클레스를 형상화한 남성이 조각되어 있는데, 제 눈에 들어온 것은 헤라클레스가 발로 딛고 있는 '것'들이었습니다. 헤라클레스 발치에 자리한 두 개의 기둥에는 육면체 돌이 있었고, 나머지 기둥에는 잘린 나무의 밑동이 드러나 있었습니다. 작가가 나무 밑동을 벽돌과 동급으로 여긴 것 같아 인상적이었습니다. 무엇보다 나무가 잘린 표면, 즉 나이테 부분을 매우 섬세하게 표현한 것이 흥미로웠습니다. 어느 한 면은 나무 가운데가 썩어서 구멍이 생긴 것을 표현했는데, 그 모양이 마치 서류를 돌돌 말아 넣은 것 같았습니다. 나무가 나이를 먹을수록 나이테에 많은 정보를 고스란히 축적해 가는 모습을 보여 주는 듯했습니다.

나이테는 나무와 풀을 구별하는 주요한 기준 중 하나입니다. 나무줄기의 껍질 안쪽에는 풀에는 없는 '형성층'이라는 조직이 있습니다. 형성층에서 매해 세포분열을 해서 나무줄기가 굵게 생장해 가지요. 그리고 이 나이테의 폭(생장폭)은 당시의 여러 환경요인에 영향을 받습니다.

우리나라처럼 계절 변화가 뚜렷한 환경에서 자란 나무는 나이테가 만들어지는 계절에 따라 세포 크기와 밀도 등이 달라집니다. 1년 내내 광합성을 하는 우리나라의 상록침엽수에서 그 차이가 또렷해지는데, 나이테는 형성 시기에 따라 추재秋材와 춘재春材로 구분합니다. 추재는 가을과 겨울에 만들어진 부위로, 간격이 좁고 색도 짙습니다. 춘재는 상대적으로 따뜻한 봄과 여름에 활발하게 광합성을 하며 만들어지기 때문에 간격이 넓고 상대적으로 옅은 색을 띱니다. 이렇게 춘재와 추재를 한 묶음으로 삼아 '한 살'로 헤아립니다. 그래서 나이테의 개수를 세면, 나무의 나이를 짐작할 수 있습니다.

또 나이테에는 당시의 생육 환경을 유추할 수 있는 정보가 저장되어 있습니다. 기후 조건이 광합성과 물질대사를 하기에 좋지 않은 때 만들어진 나이테(춘재+추재)는 폭은 좁고, 양호한 기후 조건에서 만들어진 나이테의 폭이 넓습니다. 그뿐만 아니라 숲속에 나무가 빼곡해 나무끼리 공간 경쟁이 심한 곳에서 형성된 나이테는 폭이 좁습니다. 반면 나무 주변에 경쟁하는 나무가 사라지면 나이테 폭이 급격이 넓어지기도 합니다.

나이테의 폭은 목질과 관련 있습니다. 폭이 균등하게 자란 나무는 그 자체로 큰 힘도 잘 견디는 구조재로 사용할 수 있지만, 폭이 균일하지 않으면 나무를 활용할 때 추가 공정이 필요하지요. 따라서 목질이 좋은 나무를 키우기 위해서는 나무의 생장 정도와 숲속 밀도를 고려해 적절히 솎아 베어 주는 일도 필요합니다. 이렇게 나이테의 폭을 결정짓는 공간 경쟁 여부와 본디 나무의 생장 잠재력을 여러 수학식으로 소거해 기후 요인만 남기면, 나이테가 만들어지던 당시의 기후 환경을 유추할 수 있습니다.

이때 나이테의 성분(가령 탄소동위원소 함량)을 분석하면 당시 나무가 가뭄 등으로 스트레스를 받았는지 여부도 가늠할 수 있습니다. 또 나이테에는 산불에 그을린 자국이 그대로 남기 때문에 나이테를 통해 산불이 난 시기도 알 수 있습니다. 마찬가지로 먼 옛날 누군가 기댔거나 어루만진 손길이 전해 준 온기를 나이테는 기억하고 있을지도 모르겠다는 생각을 하게 됩니다.

'느티나무' 이야기의 모티브는 제 아버지(안산 화정감리교회 박인환 목사)가 만든 독서대입니다. 세월호 참사 유가족을 위로하기 위해 기도 십자가를 만들었던 아버지가 2017년 안산 지역 목사님들과 함께 안산에 버려진 나무를 활용해 희생자를 기리며 306개의 독서대를 만들었습니다. 아버지는 306개의 독서대가 각각 맨 처음 손질하기 전 어떤 모습이었는지 생생하게 기억난다고 하셨습니다. 아버지 말씀을 듣고 보니 나이테가 만들어 내는 무늬 중 같은 것은 하나도 없으니, 나무 본연의 생김새를 최대한 살려 만든 각각의 독서대는 마치 저마다의 특별함을 지닌 각 사람과 닿는 면이 있다는 생각을 했습니다. 그중에는 우리 교회 마당에 있던 느티나무로 만든 독서대가 있습니다. 세월호 참사로 먼저 하늘나라에 간 우리 교회 예은이가 마당에서 뛰어놀던 모습을 지켜보았을 나무입니다. 그 나무로 만든 독서대는 예은이 가족에게 전달되었습니다.

지금도 선 자리에서 가만히, 그러나 역동적으로 생명 활동을 하며 조금씩 자라고 있는 나이테는 그야말로 세월을 담은 '기억 저장고', '빅 데이터 저장고'입니다.

◆ 함께 찾아보아요

우리 주변에서 세월의 흔적을 간직한 목제품이 있는지 찾아보고, 나이테가 있다면 그 나무의 나이는 몇 살이었을까 한번 세어 봅시다. 그리고 어떤 세월을 지나 지금 여기, 우리 곁에 온 것일까 상상해 봅시다. 제가 일하는 국립산림과학원 내 산림과학관 입구에는 500년이 넘은 나무의 원판이 전시되어 있습니다. 로비에서는 수종별로 나무줄기 속 나이테 무늬와 색깔을 볼 수 있도록 나무줄기의 횡단면을 판재로 만들어 전시하고 있습니다.

토끼풀

"얘들아, 서로를 꽉 붙잡고 있어야 해! 명심해! 방심하지 말라고! 온다! 온다! 아이들이 이리로 온다!"

우지끈!

오늘도 우리는 제 몸의 일부를 아이들에게 뜯겼습니다.
"에잇~ 죄다 세 잎이잖아!"
우리의 일부를 한 움큼 쥐었던 아이가 볼멘소리를 합니다.
"그래도 꽃이 피었네! 우리 꽃반지 만들자!"
아이는 친구의 제안을 금방 받아들입니다.
"그래! 그럼 이 풀들은 뒤란에 있는 토끼한테 주자!"
"좋아!"
아이들은 저마다 꽃을 꺾어 들고는 제자리에 풀썩 주저앉아 꽃반지를 만드느라 여념이 없습니다. 꽃반지를 만들 때에는 대단한 집중력과 기술이 필요합니다. 엄지손톱과 검지손톱의 날로 꽃 아래 줄기를 맞눌러 갈라 만든 구멍에 줄기 반대편 끄트머리를 쏙 넣어 주면 꽃반지가 금세 완성됩니다. 하지만 이 작업을 할 때 주의를 기울이지 않으면 꽃반지가 헐겁거나 볼품없어지고 말지요. 손톱을 밭게 잘라 뭉툭하면 줄기에 구멍을 내기 어렵고 자꾸 주무르게 되어 꽃대가 흐물흐물해집니다. 그렇다고 잘난 체하며 힘을 주다 보면 구멍이 너무 커져서 반지의 여밈이 헐거워지기 십상입니다.

그래서 실컷 재잘거리던 아이들도 꽃반지를 만드는 이 순간에는 입을 앙다물고 집중합니다. 그중 솜씨 좋은 아이는 꽃을 하나 더 꺾어다가 야무지게 엮어 두 송이 꽃반지를 만듭니다. 아무래도 꽃 한 송이보다는 두 송이가 뭔가 더 있어 보입니다. 동네 큰 언니들이 꽃 수십 송이를 꺾어다가 만들어 주었던 둥글고 도톰한 화환이 기억났는지 꽃을 몇 송이 더 꺾어 보지만, 이렇게 저렇게 해 보아도 도저히 엮이지 않습니다. 아이는 언니들 시늉을 내 보겠다고 하도 조물락거려서 흐물해진 꽃들을 아무렇게나 흐트러뜨리며 이렇게 읊조립니다.

"내일 언니한테 만들어 달라고 해야지!"

"얘들아, 저녁 먹어라!"

운동장 대문에서 아이들을 찾아온 엄마와 할머니가 부르는 소리에 아이들의 놀이 시간도 끝이 났습니다.

오늘도 아이들의 꽃반지 놀이가 한바탕 휩쓸고 간 자리, 우리의 몸은 만신창이가 되었습니다. 토끼에게 가져다주겠다던 풀들도 힘없이 여기저기 흩어져 축 처져 있습니다. 아이들이 조몰락거리던 꽃반지 잔해도 지는 햇살에 말라 갑니다.

운동장에 고요가 스미기 시작하는 시간, 이제야 비로소 우리도 한숨을 돌립니다.

"휴, 오늘도 다들 고생했어."

그리고 비로소 수다가 시작됩니다.

"아이들만 와서 다행이야. 참을 만했어."

"아까 벌이 좀 와 주었더라면 꽃을 이렇게 많이 잃지는 않았을 텐데."

"그러게, 아이들은 벌을 무서워하니까. 내일은 벌이 우리를 찾아올 수 있게 향기를 더 내 보자."

"그래 그렇게 해 보자. 일단 고단하니 오늘 밤에는 푹 쉬고!"

"잘 자!"

송골송골 맺힌 이슬이 잎을 타고 또르르 구르는 감촉이 하도 보드랍고 간지러워 잠에서 깼습니다. 눈을 떠보니 아직 어스름한 새벽입니다.

"이슬을 보내 주어서 고마워!"

아직 뜨지 않은 해와 물기를 머금고 있던 공기에 고마운 마음을 전했습니다. 어제 오후 잔뜩 긴장하고 상처 입은 몸이 촉촉한 이슬에 생기를 되찾습니다.

평소 사람들이 쓰는 수돗가에서 떨어지는 물이 아쉽지 않은 이유는 바로 이슬 덕분입니다. 간혹 해가 쨍 내리쬐는 대낮에 수돗가의 물이 잎에 튀기라도 하면, 그 물방울들이 돋보기처럼 햇빛을 잎 표면에 쏘아 붙여서 우리는 화상을 입곤 합니다. 그런데 새벽이슬은 오늘처럼 꼭 필요한 만큼 우리를 적셔 줍니다. 아직 본격적으로 해가 나지 않는 시간이라 잎사귀에 맺힌 물방울도 우리를 해치지 않습니다. 그리고 공기가 품고 있던 물방울들은 왠지 맛도 더 깊고 좋습니다. 새벽이슬을 온몸으로 맞이할 수 있는 시간은 하루 중 잠시뿐입니다.

그렇지만 하루 종일 원하는 때 이슬을 나누어 주는 친구가 곁에 있습니다. 바로 이끼입니다. 이끼는 물을 머금고 있다가 우리가 필요할 때 기꺼이 나누어 줍니다. 그런데 이끼 역시 우리와 처지가 비슷합니다. 학교를 관리하는 사람들에게 천덕꾸러기 취급을 받습니다. '아이들 오가는 길에 밟고 미끄러지기라도 하면 어쩌냐, 관리는 제대로 하고 있는 거냐'라며 학교 어르신이 늘어놓는 잔소리를 들은 적이 있습니다.

우리나 이끼나 어른들에게는 제거 대상입니다. 관리하는 사람들이 열심히 일하는 날이면 우리에게 소금을 뿌리고 삽으로 퍼내느라 이마에 땀이 맺힙니다. 그러면 우리도 다시 뿌리를 뻗고 잎을 내느라 안간힘을 씁니다. 우리가 있는 곳은 해와 그늘이 적당해서 다행이지만, 이끼에게는 수난을 당하고도 생을 이어 간다는 게 보통 일이 아닙니다. 그래서 이끼도 우리처럼 관리의 손길이 뜸해지는 방학을 기다립니다.

누가 뭐라 해도 이끼는 우리에게 아주 소중한 동반자입니다.

"오늘 물맛이 참 달다."

좀처럼 말이 없던 이끼의 한마디가 새벽을 깨웁니다.

"이끼야, 잘 잤니?"

"응, 너희도 잘 잤니?"

"응."

"어제 많이 힘들었지? 옆에서 보고 있자니 너무 안타깝더라."

"아, 좀 힘들기는 했는데, 그래도 방학이라 괜찮아. 아저씨들에게 무참하게 뜯기는 것보다는 나은 것 같아. 아이들 손이라 해 봤자, 고만고만하니까."

"하긴 아저씨들에게 뜯기면 버려지는 신세가 되지. 그나마 울타리 나무 아래 버리면 거름이 되어 줄 수 있는데."
이끼의 말에 지난여름이 생각났습니다. 그때는 아이들이 우리를 발견하기도 전에 우리 몸은 부지런한 아저씨들에게 뜯겨 버렸습니다. 아저씨들은 뜯긴 우리 몸 일부를 나무 울타리 아래가 아닌 콘크리트 계단에 놓아 두고 땀을 식히더니, 깜박하고 가 버렸습니다. 그래서 뜯긴 몸이 그대로 말라 비틀어져 바사삭 부서져 버리고 말았지요. 그러고 보니 어제 일은 그에 비하면 덜 고통스럽습니다.
"몸이 좀 상하기는 해도 누군가에게 한순간이라도 의미 있는 존재가 될 수 있다는 것은 감사한 일 아니니?"
"그러게, 네 잎 클로버를 찾으려고 웅크리고 앉아 너희를 꼼꼼히 살펴보던 아이들 표정이 얼마나 재미있었는지 몰라."
"우리 안에 보물이 있을 거라는 확신에 찬 그 표정?"
"응, 그리고 그 보물을 꼭 찾고야 말겠다는 간절함이 깃든!"
"우리는 아이들이 찾는 그것을 주지 못할 때가 많은데 말이야."
"하지만 너희 안에 특별한 것이 있을지도 모른다는 기대를 품고 몰입하는 아이들의 모습이 반짝반짝 빛나 보이기는 하더라."
"그래, 어쩌면 그 순간이 보물일지도 모르지."

"응, 정작 아이들은 눈치채지 못하겠지만."

"그런데 사람들이 눈에 보이는 것만 찾는 건 좀 서운해. 우리가 땅속에서 하는 일에 대해서는 도통 관심이 없잖아."

"너희나 나나 그런 운명을 타고났나 봐."

"이끼 너도 그렇게 생각하는구나!"

우리가 보아 온 이끼는 그늘지고 차가운 곳에 터를 잡고 그곳을 어루만지는 일을 하고 있습니다. 선에 보이지 않던 작은 생물들이 이끼 주변으로 모여들어 쉬어 가기도 합니다. 갈 곳 잃은 씨앗을 촉촉하게 품어 주기도 합니다. 차가운 시멘트 계단 틈에도 이끼가 오랫동안 머무르다 보면 누군가 싹을 틔울 수 있는 보금자리가 생겨납니다. 이끼에는 분명히 풍요롭게 하는 재능이 있습니다.

우리는 척박한 땅을 비옥하게 변화시키라는 명령에 따라 살아가고 있지만, 우리가 뿌리에서 하는 일을 사람들은 잘 모릅니다. 그나마 꽃이 동글동글하니 꽃반지, 팔찌, 목걸이를 만들어 놀기 좋게 생긴 덕분에 사람들과 어울려 지내왔습니다. 그러다가 조물주가 어떤 이를 통해 우리에게 드물게 나는 '네 잎'이 '행운의 징표'라는 소문이 나게 해 주는 바람에 근근이 사람들의 관심을 받으며 생을 이어 온 것입니다. 처음부터 조물주는 우리에게 몸 일부가 뜯겨 나가도 뿌리로 다시 살아갈 힘을 선물해 주었습니다. 그렇기에 우리는 오늘도 살아갈 수 있습니다.
우리의 아침 수다가 무르익어 가는 지금, 반가운 소리가 들립니다.

위잉~

벌이 이리로 날아옵니다. 이슬을 머금고 따스한 햇살을 받아 더욱 향긋해진 우리 꽃 내음을 맡았나 봅니다. 그리고 운동장을 가로질러 아이들이 달려오는 소리가 들립니다. 오늘은 큰언니들도 함께 오나 봅니다. 그러나 어제만큼 긴장되지는 않습니다. 우리를 함부로 대하다가 여차하면 따끔하게 혼내 줄 벌들이 우리 꽃에서 열심히 꿀을 길어 내고 있기 때문입니다.

모든
생명 있는 것의
아름다움

앞에서 했던 '느티나무' 이야기(이 책의 22쪽을 참조해 주세요)의 공간적 배경이 되는 학교는 제가 4학년 1학기 때까지 다닌 화정초등학교입니다. 우리 마을의 화정초등학교는 1994년 2학기에 이름과 역사만 안산 시내로 이전하고 문을 닫았습니다. 문을 닫기 전 우리 학교는 규모가 작아 모든 학년이 1반밖에 없고 전교생 수가 50명이 채 되지 않았지만, 사랑 많은 선생님들과 자연을 벗 삼아 배움의 기쁨을 누리기에는 더할 나위 없이 좋은 학교였습니다.

'느티나무' 이야기를 쓰는 과정에서 저의 기억은 학교 중앙 현관 앞 작은 뜰에 있던 토끼풀에 닿았습니다. 뜰 한편에 있던 토끼장 안에 넣어줄 요량으로 그 앞에 소복이 자란 토끼풀을 한 줌 잡아 뜯던 어느 날, 오른 엄지손가락이 화끈해서 화들짝 놀라 손을 들여다보니 검지 손톱만 한 벌이 엄지에 침을 꽂은 채 따라 나왔습니다. 이 일을 겪고 나서, 벌이 침을 쏘는 것은 목숨을 건 행위라는 사실을 알게 되었고, 그 후로는 이따금 그날의 벌에게 미안한 마음이 일곤 했습니다.

어린 시절 세 잎 토끼풀 사이에서 네 잎 달린 것을 찾는 재미도 쏠쏠했고, 하얀 꽃이 봉긋 피어나면 엄지와 검지로 꽃대를 길게 끊어 꽃반지를 만들어 놀곤 했습니다. 반지 엮을 구멍을 만들기 위해 꽃대를 만지작거리다 보면 짓물러 헐거워지기 일쑤였습니다. 아이에게는 재미난 놀잇감이자 추억이 되어 주는 토끼풀이 너른 정원의 잔디밭을 가꾸는 이에게는 천덕꾸러기 취급을 받곤 합니다. 그리고 이야기 속 이끼처럼 돌 위나 계단가에 자리한 이끼는 오가는 길에 밟으면 미끄러져 넘어질세라 제거하고 정리해야 할 대상으로 취급 받기도 하지요. 그러나 토끼풀과 이끼 모두 생태계 안에서 해야 할 일이 있는 생명입니다.

질소는 식물의 생장에 꼭 필요한 양분입니다. 공기 중 약 80퍼센트가 질소인데, 이 질소는 식물이 흡수할 수 없는 형태로 존재합니다. 토끼풀과 같은 콩과식물은 대기 중 질소를 식물이 뿌리에서 흡수할 수 있는 형태로 바꾸어 주는 역할을 합니다. 이러한 일련의 과정을 질소 고정이라고 합니다. 콩과식물은 질소 고정을 통해 척박한 땅을 다른 식물들이 살아갈 수 있는 곳으로 만드는 개척자 역할을 합니다. 헐벗은 우리 강산에 본격적으로 나무를 심기 시작한 1970년대에 아까시나무가 주요 수종으로 활용되었던 것도 바로 이런 이유 때문입니다.

이끼는 엽록체가 있어 광합성을 할 수 있는 녹색식물로 분류됩니다. 그러나 꽃이 피지 않고, 뿌리·줄기·잎의 구분이 뚜렷하지 않습니다. 뿌리는 몸을 지지하는 역할만 하고, 관다발이 발달하지 않아 생존과 생장에 필요한 물과 양분을 온몸으로 흡수합니다. 덕분에 흙이 없는 곳에서도 이끼는 다른 식물의 씨앗이 싹을 틔울 수 있도록 기반이 되어 줍니다. 이끼가 나고 죽고를 반복하면서 생겨난 두꺼운 층은 식물이 척박한 곳에서 뿌리내릴 수 있는 기반이자 물과 양분의 창고가 됩니다. 따라서 이끼류는 척박한 곳의 개척자이자, 숲에서 새로운 세대가 탄생하고 자랄 수 있도록 인큐베이터 역할을 합니다. 이끼류는 주로 습한 곳에서 볼 수 있습니다. 그런데 종마다 선호하는 환경이 다르고 환경 변화에 매우 민감하게 반응하기 때문에 특정 지역의 환경 변화를 알아내는 지표종으로 활용할 수 있습니다.

네 잎 토끼풀은 행운의 상징입니다. 토끼풀은 초록 잎이 세 장 모여 나는 것이 일반이고, 네 장이 모여 나는 것은 매우 드물게 일어나기 때문에 더 특별하게 여겨집니다. 네 잎 토끼풀처럼 눈에 잘 띄지 않는 것도 가치 있지만, 세 잎 토끼풀이나 이끼처럼 평범하고, 흔한 것들도 저마다의 역할이 있습니다. 자신의 역할을 묵묵히 해 나가는 평범한 우리 모습도 존재 가치가 있고 빛나는 아름다움이 있다는 사실을 서로 발견해 주면 좋겠습니다. 우리가 모든 생명을 평등하게 존중하고, 각자의 고유한 모습과 역할을 인정하는 생태계를 이루어 갈 때 비로소 다양한 생명과 조화를 이루고 진정한 풍요로움을 누릴 수 있을 것입니다.

◆ 함께 생각해 보아요

나의 척박한 일상이나 마음에 양분을 공급하는 토끼풀 같은 존재가 있나요?
내 삶에 새로운 것이 싹 트고 자랄 수 있도록 인큐베이터 역할을 해 주는 이끼 같은 존재가 있나요?
세 잎 토끼풀처럼 평범한 나는 주변과 어떻게 연결되어 영향을 주고받고 있나요?

◆ 함께 읽어 보아요

로빈 월 키머러, 《이끼와 함께: 작지만 우아한 식물, 이끼가 전하는 지혜》, 눌와

북아메리카 원주민 출신 식물생태학자가 이끼의 신비를 탐구하며 발견한 이야기를 담았습니다. 이 책은 우리가 종종 놓치기 쉬운 작고 소박한 존재들이 생태계에 미치는 영향과 그 아름다움을 새로운 시선으로 보게 합니다. 작은 이끼 하나하나가 지닌 고유한 개성에 관한 이야기는 모든 생명체의 가치를 새롭게 인식하도록 도와줄 것입니다.

벌

위잉~

내가 머뭇거리는 사이
그대들은 떠났소
아까시나무꽃 향기를 쫓아 떠났고

황망했으나
나는 남아
차라리
하던 일을 마저 하기로
마음먹었소

고단한 몸을 이끌고 돌아올
그대들에게 건넬
따뜻한 차 한 송이도
마련해 두었소

그러나
오지 않았소

간신히 건진 몸으로 돌아온 이가 말했소
그대들이 힘차게 날갯짓하고 있을 때
그보다 무거운 엔진을 실은 차가 무심하게
그대들의 몸을 가볍게 짓이기고 지나갔다고

꿀을 따서 오겠다던 그대들
산허리가 잘렸지만
하늘길이야 무슨 상관이냐며
건너갔다 오면 금방이라고
씩씩하게 나선 그대들

지금 어디쯤 가고 있소
차가운 유리창
뜨거운 보닛 사이 어디쯤에서
슬픈 몸 누이고 있소

허망하오
튼튼하고 정교하게 만들어진 몸으로
천 대를 이어 온 거룩한 날갯짓이
매정하고 간편하게 뚫려 버린 도로 위에서
너무 쉽게 바스러진다오

(그들은 빠르게 가고 싶은가 보오)
언젠가 아까시나무꽃 향기가 영영 사라지게 되면,
그때라도 그대들을 애도할까 의문이오

고단한 몸을 이끌고 돌아올
그대들에게 건네야 했던
따뜻한 차 한 송이에
찢기고 두려운 내 마음 적시오

공중에서
일어나는
'로드킬'을
아시나요

개발과 건설 때문에 일어나는 생태 축 단절의 문제를 다루어 보고 싶었습니다. 특히 길바닥 표면에서 한번쯤 스치듯 마주했을 동물 사체뿐만 아니라 길 위, 공중에서 죽어야 했던 수많은 곤충의 '로드킬' 문제를요. 앞의 시는 그중에서도 '벌'들의 로드킬을 이야기하고 있습니다.

벌은 숲속 식물들의 수분과 결실에 매우 중요한 중매자 역할을 합니다. 벌이 양식인 꿀을 따기 위해 꽃에 머물며 꿀샘을 뒤적이는 동안 벌 다리에 꽃가루, 즉 '화분花粉'이 묻고, 벌은 이동하며 이 꽃가루를 다른 꽃의 임술로 옮깁니다. 화분이 암술에 닿는 과정을 '수분受粉'이라 합니다. 식물마다 수분하는 과정이 다른데, 밀원식물일수록 벌 같은 곤충의 역할에 많이 의존합니다. 곤충의 도움으로 수분하는 식물은 '충매화'로 분류합니다.

수분의 실패는 번식의 실패로 이어집니다. 따라서 수분을 곤충에 의존하는 식물은 꽃이 아름다운 향기를 내뿜거나, 꽃잎이나 꽃받침 등의 기관을 화려하게 만들어 수분 매개 곤충을 유인하기 위해 총력을 기울입니다. 한창 꽃가루를 옮겨야 할 시기에 눈이나 비가 와서 매개충이 활동하지 못하면 그해에는 꽃은 피었으나 씨앗을 품지 못하고 맙니다. 다음 해라도 기상 여건이 좋으면 수분에 성공할 확률이 높아집니다. 그러나 매개 곤충이 소멸하면 날씨가 아무리 좋아도 충매화는 존속 가능성이 희박해질 수밖에 없습니다.

저는 또래 중에서도 비교적 일찍 운전을 했습니다. 제가 다니던 대학이 대중교통을 이용하면 편도 두 시간이 걸리는 먼 거리에 있었지만, 자동차로 이동하면 단 30분도 채 걸리지 않았기 때문입니다. 제가 대학에 입학한 해에 새로 뚫린 길과 터널 덕분이었습니다. 대학에 다닌 지 2년째 되던 해 자동차로 통학하기 시작했습니다. 그런데 어느 날 차장에 부딪혀 툭툭 터진 벌들이 하도 많아 시야를 가리는 바람에 날도 맑은데 워셔액을 분사해 와이퍼로 앞 유리를 닦아 내야 했던 일이 아직도 생생하게 기억납니다. 특히 화창한 날 새로 난 길을 달릴 때 유난히 차 앞유리에 부딪히는 벌들이 많았습니다.

제가 다니던 길 양쪽 가장자리에는 산이 있었고, 그때는 아까시나무 꽃이 만개할 즈음이었습니다. 꽃향기는 은은한데, 운전대를 잡은 제 눈 바로 앞에 펼쳐지는 죽음을 목격하며 멈추지 않고 계속 가야만 하는 것이 너무 슬프고 잔인하게 느껴졌습니다. 아마도 그 벌들은 꿀을 찾아 이 산 저 산 옮겨 다니는 중이었을 것입니다. 제 차의 이동 경로와 시간, 그리고 해당 시간에 차 앞유리에 부딪힌 벌들의 개체 수를 셈해 보고 교통량을 고려하면 해당 입지 환경에서 도로 건설 때문에 얼마나 많은 벌이 죽음을 맞았는지 정량적으로 알 수 있을 것 같다는 생각을 숱하게 해 보았습니다. 그러나 정작 그렇게 셈해 보지 못한 것이 아쉬움으로 남습니다.

하지만 해가 지날수록 차 앞유리에 가득 달라붙는 곤충의 사체는 급격히 줄었습니다. 산속 나무들이 꽃을 피우는 계절이 찾아왔는데도 말이죠. 모두 사라져 버린 것일까요? 아니면 앞선 시에서처럼 동료들이 그 길은 위험하다는 사실을 알게 되었기 때문일까요? 부디 후자이기를, 그래서 그들이 새로운 길을 개척해 생명을 이어 가고 있기를 소망해 봅니다.

• 함께 읽어 보아요

백경희, 《고마워 비코!》, 좋은땅

어린아이들과 함께 보기 좋은 그림책입니다. 이기 벌 비코가 환경이 훼손된 숲에서 자취를 감춘 벌 식구들을 찾아 험난한 여행을 떠납니다. 비코의 여정을 따라가다 보면 아이들도 어느새 벌과 숲속 많은 동물의 안부를 살피는 마음을 품게 됩니다.

마리 클레르 프레데릭, 《꿀벌은 인간보다 강하다》, 뮤진트리

음식 역사가이자 요리 전문 기자인 저자는 완벽한 음식인 꿀을 만들어 내는 벌이 인류에게 가져다준 것들이 얼마나 소중한지 광범위하게 고찰했습니다. 이 책은 현재 기후변화 때문에 멸종 위협에 맞닥뜨린 벌과 꿀의 기원, 용도, 사회적 역할, 꿀벌에 부여된 상징 등 꿀벌과 관련된 다양한 지식을 담고 있습니다.

• 함께 들어 보아요

동요 '꿀벌의 여행'

"윙윙 거칠고 험한 산을 날아가지요"라는 가사로 시작되는 이 동요에서 꽃과 꽃을 옮겨 다니기 위해 먼 곳까지 날갯짓하는 벌의 고단함을 엿볼 수 있습니다. 벌의 몸은 머리, 가슴, 배로 나뉘고 앞날개와 뒷날개가 있습니다. 작은 벌의 신체 구조는 매우 정교합니다. 머리에 달린 홑눈과 겹눈, 더듬이, 입틀, 큰턱, 더듬이를 청소하는 다리에 난 미세한 털들. 추운 겨울에는 날갯짓으로 체온을 높이기도 하고, 날갯짓의 강약을 조절해 의사소통하기도 하죠. 꿀을 모으는 일벌의 날개 길이는 (종에 따라 차이가 있겠지만 일반적으로) 약 1.2~1.5센티미터라고 하는데, 필요에 따라 15킬로미터 이상 더 먼 거리를 날아간다고 합니다.

나는 나무다!

담쟁이 난 독사도 오르지 못하는 편평한 벽면을 중력을 거슬러 오를 수 있어!

미역줄나무 구백아흔아홉 살 주목도 내가 휘감아 버리니 옴짝달싹 못하더라고. (으스대며) 내가 아주 혼쭐이 빠지게 해 주었지.

칡 너희들도 참 대단한 번식력을 지녔지만, 전국 어딜 가나 날 볼 수 있다는 건 그만큼 내 영역이 넓다는 의미 아니겠어? 나는 무엇이든 휘감아 덮어 버릴 수 있지. 내 뿌리에서 짠 즙이 사람들을 건강하게 해 준다는 건 다들 알고 있겠지? 멧돼지도 어찌나 내 뿌리를 좋아하는지. 뿌리쯤 내주어도 나는 또 새순을 내고 뻗어 가지.

등나무 나는 할머니와 손녀가 내 꽃그늘 아래에서 오순도순 이야기 나누는 걸 보았지. 팔망아지(박각시나방 또는 호랑나비의 애벌레)도 호박벌도 내게 기대어 쉬어 갔어. 많은 이가 꽃그늘 아래 쉬어 가는 동안 나는 야금야금 종탑도 휘게 했다고.

칡과
등나무가
서로 만난다면?

이것도 나무라고?

앞의 이야기를 읽고 이런 생각이 들었다면 글을 쓴 보람이 있네요. 우리가 흔히 '나무'라고 했을 때 떠올리는 이미지와는 다른 모습으로 자라는 나무를 소개하고 싶었습니다.

나무(목본)와 풀(초본)을 구분하는 주요 열쇠는 무엇일까요? 바로 나이테의 유무입니다. 여러해살이식물 중에서도 줄기 횡단면에 나이테를 만드는 세포의 층, 즉 형성층이 없으면 풀로 분류됩니다. 앞선 이야기에 등장하는 식물은 모두 덩굴성 식물이라는 공통점이 있습니다. 이 아이들은 모두 한 해가 지나면 나이테를 한 겹씩 갖게 되어 나무로 분류됩니다.

나무들은 자라는 모습에 따라 몇 가지 유형으로 나눌 수 있습니다. 우리가 '나무'라고 했을 때 흔히 떠올리는 모습은 느티나무나 소나무처럼 줄기가 굵고 키가 크게 자란 모습입니다. 이렇게 키가 크는 나무를 '교목'이라 합니다. 반면 사철나무나 회양목처럼 줄기가 여러 갈래로 나뉘고 키가 비교적 작게 자라는 나무를 '관목'이라 합니다. 그리고 이번 이야기에 나온 나무들처럼 줄기가 다른 나무를 휘감으며 자라는 나무를 '덩굴성 나무' 혹은 '만경류'라고 합니다.

만경류는 우리나라 산림에서 천덕꾸러기 취급을 받곤 합니다. 대표적인 나무가 칡과 미역줄나무입니다. 전국 산림 어느 곳에서나 쉽게 볼 수 있는 칡은 키가 큰 나무와 작은 나무를 가리지 않고 덮어 버립니다.

그래서 산림을 우리가 원하는 방향으로 가꾸어 가는 일에 걸림돌이 되곤 하지요. 미역줄나무는 높은 산에서 어렵사리 살아가는 주목, 구상나무, 분비나무 같은 키 큰 나무들이 자라는 것을 방해합니다. 빠르게 번져 끈기 있게 살아가는 칡과 미역줄나무는 숲의 생물 다양성을 해칠 수 있다는 점에서 주요 관리 대상이 되곤 합니다.

하지만 칡이 나쁘기만 한 것은 아닙니다. 개발 등으로 생긴 절개지의 토양 침식을 막아 주고, 나대지의 토양 고착화를 도우며, 토양에 양분을 만들어 주는 역할도 수행합니다. 한편, 칡의 뿌리는 쓴맛과 단맛이 고루 납니다. 강원도 산골에서 나고 자란 저의 아버지는 어린 시절 칡뿌리를 씹으며 배고픔을 달래곤 했답니다. 그리고 칡뿌리를 절구에 빻아 나온 가루로 떡도 해 먹었다고 해요. 제가 어릴 때 '칡즙'이 유행한 적이 있었습니다. 아마도 칡에서 '즙'을 내는 기술이 보편화되면서 그런 유행이 시작된 것 같습니다. 요즘도 차를 타고 이동하다 보면 길가에 '칡즙'이라고 크게 써 놓은 현수막을 건 차를 보곤 합니다.

등은 만경류 중에서도 조경수로 사랑받는 나무입니다. 제가 다닌 대학의 캠퍼스에도 벤치가 놓인 곳에 흔히 등 그늘이 조성되어 있었습니다. 1904년에 설립된 우리 교회(안산화정감리교회) 마당 한편에도 등이 있습니다. 매해 봄과 여름을 오가는 사이 포도송이를 닮은 보라색 꽃이 피고 지는 모습이 참 아름답습니다. 이 나무는 지금으로부터 70여 년 전에 군에서 제대한 청년이 기념으로 손가락 굵기의 작은 나무를 옮겨 심은 것입니다. 아버지의 책 《때론 자전거를 메고 갈 수도 있다》에는 이런 이야기가 나옵니다. "당시 염전 소금차 레일로 만들어 세운 종탑을 따라 올라가도록 심었는데, 나중에는 그 튼튼한 종탑을 오후 1시 방향으로 휘게 했습니다. 2004년에 교회 건물을 새로 지으며 등의 위치를 옮겼는데, 등이 휘게 한 종탑의 일부는 결국 빼내지 못해 지금도 등 줄기 안에 있습니다."

우리가 사용하는 '갈등'이라는 단어는 칡 '갈葛'과 등나무 '등藤' 자로 이루어졌습니다. 칡과 등은 휘감아 올라가는 방향이 다릅니다. 칡은 반시계 방향으로, 등은 시계 방향으로 감아 올라가지요. 키 큰 나무들도 거뜬히 타고 올라 그 몸을 조일 수 있는 칡과 철제 종탑도 휘게 하는 등이 만나 뒤엉기는 모습을 상상해 보니, 힘겨루기의 대단함과 엉킨 것을 풀어내는 일의 난해함을 실감할 수 있습니다. 그러니 일상에서 자주 쓰는 갈등 관리, 갈등 해결 등의 단어를 가벼이 여길 수 없겠다는 생각이 듭니다.

• **함께 읽어 보아요**

박인환, 《때론 자전거를 메고 갈 수도 있다》, 한생명

"꽃잎이 떨어지면 교회 마당에는 꽃향기가 가득합니다. 새벽 기도를 하려고 현관 문을 나서면 꼭 아까시나무꽃 향기같이 상큼한 꽃내음을 맡게 됩니다. 예배당 입구에 심긴 등꽃의 향기입니다. 한 그루의 등에서 이렇게 풍성한 향기가 난다는 것이 신기합니다. 지난 두 주간은 꽃향기에 듬뿍 취할 수 있어서 좋았습니다.

저는 아직까지 우리 교회의 등처럼 줄기가 굵은 것을 보지 못했습니다. 둘레가 110센티미터, 그러니까 지름이 30센티미터 정도 됩니다. 그러나 거의 모든 것이 그렇듯이 이 나무도 원래는 지극히 작은 것이었습니다. 40여 년 전에 박상덕 장로님이 군에서 제대한 기념으로 손가락만큼 굵은 나무를 옮겨 심은 것입니다.

당시 염전 소금차 레일로 만들어 세운 종탑을 따라 올라가도록 심었는데, 나중에는 그 튼튼한 종탑을 오후 1시 방향으로 휘어지게 했습니다. 몇 년 전 종도 제대로 활용하고 등 그늘도 제대로 만들기 위하여 종탑을 빼내어 옮겼습니다. 종탑의 세 기둥은 빼냈지만, 등이 휘감고 있던 나머지 하나는 지금까지도 빼내지 못하고 있습니다. 등이 너무나 힘차게 휘감고 있기 때문입니다.

줄기가 굵은 만큼 등이 만들어 주는 그늘 역시 커다란 평상 세 개를 펼치고도 남을 만큼 넉넉합니다. 시원한 것으로 말하자면 한여름에 누구든지 그 아래 누워 낮잠 한번 자 보고 싶은 마음을 일으킬 정도지요. 지난주부터는 매년 그러했듯이 성가대원 점심식사를 이곳에서 하기 시작했습니다. 등꽃이 필 무렵부터 시작해서 낙엽이 질 때까지 식사한다고 해서 성가대원들은 등 밑을 '화정등나무식당'이라는 별명을 지어 부르고 있습니다.

어느덧 꽃잎이 뚝뚝 떨어져 쌓이기 시작했습니다. 1년 내내 등꽃 향기를 맡을 수 있다면 좋으련만, 우리에게 아쉬움을 남긴 채 한 잎 한 잎 떨어지고 있습니다. 그러나 꽃잎이 떨어진 그 자리에는 파란 새순들이 솟아나고 있습니다. 올해에도 변함없이 등은 자랄 것입니다. 그리고 우리에게 더 크고 시원한 그늘을 만들어 줄 것입니다." -61~62쪽

• 함께 찾아보아요

담쟁이 하면 도종환 시인의 '담쟁이'라는 시가 곧바로 떠오릅니다. 어려운 일이 닥쳐도 담쟁이처럼 사람들과 손잡고 앞에 놓인 벽을 힘차게 올라가고 싶어지지요. 도시에서 만경류를 찾아봅시다. 건물의 차가운 벽면이나 도로변 방음벽을 타고 올라가는 덩굴성 식물들의 이름은 무엇일까요? 도심 속 만경류는 우리 생활에 어떤 영향을 미칠까요?

ⓒ Cbaile19

어쩌다

가래나무

탐스러운 과실을 맺는 가지에서 꺾어 온 전남 광주의 호두나무, 충북 충주에 뿌리 내린 가래나무를 만났는디.

접수 잘 부탁혀요.

대목 그려 우리 이왕 이렇게 만난 거 잘해 봅시다잉.

접수 내 목숨이 시방 이녁한티 붙들려 있는 거 아요, 모르요?

대목 피차일반이지 뭐.

(시간이 흐른 뒤)

접수 아따 목이 허벌나게 타는디 거서 뭐 한대?

대목 뭐여! 나도 대근하야. 자네 거(광합성) 제대로 하고 있는가?

접수 쌔빠지게 하고 있당께요, 물 좀 싸게 주소.

대목 기여? 신호가 잘 안 오는디, 거참 이상허다.

접수 웜마! 접붙이기가 나슨하당께.

대목 …….

접수 워매, 난 인제 디졌어야. 이녁은 잘 살아부쇼.

대목 간겨?

뻘쭘한 가래나무
일단 살고 볼 일이니
잎 틔우고 줄기를 있는 힘껏 뻗었는데,
다행히 호두나무 가래나무 구분 못하는 이가 살려 주어
가래나무는 자랄 만큼 자라
꽃도 피우고 열매도 맺은 것이었다! (얼쑤!)
꼬슬꼬슬한 껍데기 벗기니
까끌까끌한 가래 알이 나오는디,
쭈글쭈글한 동네 어르신 손에서
까드득 까드득
잘도 효자로구나!

나무가
삶을 이어 가는
또 다른
방법

수령이 약 1100년 이상으로 추정되는 양평 용문사 은행나무는 통일신라시대 의상대사가 짚고 다니다 꽂아 놓은 지팡이가 나무로 자란 것이라는 이야기가 전해져 옵니다. 지팡이가 나무가 된다니, 무슨 요술인가 싶을 수도 있지만 은행나무의 생리적 특성을 고려할 때, 아주 불가능한 이야기는 아닙니다.

나무가 후대를 잇는 가장 중요한 방법은 씨앗이지만, 씨앗이 아닌 방법으로도 번식할 수 있습니다. 이를 무성생식이라고 하는데, '삽목, 접목, 맹아 발생'이 이에 속합니다. '꺾꽂이'라고도 부르는 삽목은 식물체의 뿌리, 잎, 줄기 등에 난 상처 부위에서 뿌리가 발생해 독립된 개체로 자라날 수 있게 하는 것을 의미합니다. 우리 주변에서 쉽게 볼 수 있는 개나리, 사철나무, 벚나무, 무궁화 등은 삽목이 잘되는 나무입니다. 앞서 이야기한 은행나무의 경우, 쉽지는 않지만 삽목이 가능한 나무이기는 합니다. 뿌리 내리는 조건이 맞으면 1000년을 살 수도 있지요.

접목은 비슷한 종의 두 식물 조직을 접붙여서 하나의 개체로 키우는 방법입니다. 접목은 나무 조직(형성층)끼리 맞닿게 합니다. 일반적으로 잘라 낸 싹이나 가지를 뿌리가 있는 식물의 줄기 등에 붙일 경우 붙이는 가지를 접수接樹, 뿌리가 있는 쪽을 대목臺木이라 부릅니다. 접목은 과실수뿐만 아니라 생태적으로 보전할 가치가 있는 나무들에도 적용합니다. 구상나무-전나무의 경우가 그렇습니다. 저는 대학에서 전공과목 실기 시간에 접목을 처음 해 보았습니다. 뿌리를 잘 내리는 가래나무를 대목으로 삼고 열매가 우량한 호두나무에서 채취한 어린 가지를 접수로 덧대 꽁꽁 싸매 주었습니다. 이때 두 나무의 관다발이 서로 잘 맞물리게 해 주는 것이 중요합니다.

평소 그리 꼼꼼하지 못했던 터라 특히 심혈을 기울여 접붙여 보았다는 것만으로도 성취감을 느낄 수 있는 실습이었습니다. 뿌듯한 마음으로 실습한 나무를 교회 마당에 심었고, 나무는 무럭무럭 자랐습니다. 교회 식구들과 함께 고소한 호두를 나누어 먹을 생각에 기뻤지요.

그런데 그 나무가 자라서 맺은 열매는 호두가 아니었습니다. 접수였던 호두나무는 죽고 대목으로 썼던 가래나무만 살아난 것입니다. 20여 년 전에 심은 그 가래나무는 현재 전봇대와 견줄 만큼 키가 자랐습니다. 그리고 가래나무의 열매는 교회 어르신들에게 두 알씩 지압용으로 나누어 드렸습니다. 참고로 접목에 쓰는 접수는 나무 한 그루에서 채취한 클론clone으로 실은 품종의 개념으로 이해해야 합니다. 앞의 이야기는 품종을 발굴하는 단계에서 어느 지역에 있는 우수한 열매를 맺는 나무에서 접수를 채취했다고 가정하고 상황을 꾸며 본 것입니다.

한편, 몇 해 전 태풍 때문에 국립산림과학원 홍릉시험림의 아름드리 비술나무가 쓰러졌습니다. 직원이 쓰러진 나무들을 잘라 정리해 두었는데, 남아 있던 비술나무 밑동에서 이듬해 싹이 트더니 비술나무가 자랐습니다. 맹아가 자란 것입니다. 끝이라고 생각했던 지점에서 움튼 생명은 아직도 홍릉시험림 내 노란복수초 관찰지와 두충나무 사이에서 건재하게 생장하고 있습니다(이 책의 78쪽, '비술나무' 이야기를 참조해 주세요).

삽목, 접목, 맹아 발달을 통한 번식은 생장이나 결실이 우량한 나무를 빠르게 증식시킬 수 있는 방법입니다. 그래서 이 기술은 오늘날 산림 현장에서 수요와 비용, 효율을 고려해 적용합니다. 그러나 앞서 소개한 나무들처럼 어쩌다 보니 사람이 의도하지 않은 지점에서 뿌리를 내려 어엿한 큰 나무가 되는 생명도 있습니다. 우리가 가늠하는 쓸모 여부를 초월해 강인하게 살아가는 생명의 신비가 경이롭게 느껴집니다.

◆ 함께 찾아보아요

번식 방법에 따라 자라는 모습이 달라지는 나무가 있습니다. 바로 '살아서 천 년, 죽어서 천 년'이라는 '주목*Taxus cuspidata*'입니다. 주목朱木의 '朱'는 붉다는 뜻입니다. 주목은 나무껍질과 목부의 색이 붉고, 열매도 빨갛습니다. 주목은 우리나라 높은 산지에 오래도록 자리잡고 있는 상록침엽수지만, 나무의 형태가 아름답고 그늘에 견디는 능력이 탁월해서 조경수로도 사랑 받습니다. 빨간 열매 과육 안 씨앗이 흙에 심겨 싹이 터서 자란 주목은 원뿔형으로 자라지만, 가지를 꺾꽂이해 뿌리가 나게 해 키운 주목은 대체로 누워서 키 작은 나무로 자랍니다. 우리 주변에서 씨앗으로 자란 주목과 꺾꽂이로 자란 나무를 찾아봅시다.

비술나무

버언-쩍

우르릉 쾅쾅쾅

쏴아-

푸더더덕

푸쉬시시시시

크르르르르쾅

빠자작 쩌어-억 콰당

그래도 30년 넘게 뿌리 내린 곳인데, 하룻밤 사이 이리 허망하게 넘어갈 줄은 몰랐다. 그전에도 계절별로 변덕은 있었으나 이번에는 너무 심했다. 하늘이 놓아 버린 것이 분명하다.

잔뜩 약이 오른 번개 때문에 빗물 주머니가 터지고, 하늘을 두드려 대는 천둥소리에 바람 문이 속수무책으로 열려 버린 게다.

바람에 맞서 보기도 하고, 바람결 따라 굽히기도 하며 안간힘을 써서 버텼다. 그런 나를 정신없이 몰아치더니 결국 쓰러뜨리고야 말았다.

끔찍했던 밤이 지나고 몸의 대부분을 잃은 나에게도 햇빛이 닿았다.

"수고했어. 이만큼 크느라. 지금까지 견뎌 온 시간, 난 다 알아. 내가 매일 봤으니까. 넌 최선을 다했어."

갓 난 상처에 닿은 햇빛의 포근한 말이 쓰라렸다.

"하지만 난 기둥을 잃었어요. 푸른 잎과 수많은 줄기를 잃었어요. 고작 뿌리와 밑동만 남아 있을 뿐이라고요."

햇빛은 더 이상 말하지 않았다. 그러나 다음 날도, 그다음 날도 나에게 따뜻하게 와서 닿았다. 줄기를 잃은 나에게 햇빛은 거칠 것 없이 바로 다가왔다.

쓰러진 내 몸의 대부분은 며칠 내로 사람들이 거두어 갔다. 땅에 떨구었던 잎이 바짝 말라 바스라지는 계절을 지나 흰 눈이 소복이 내렸다. 내 옆에서 노란 복수초가 눈 밖으로 나와 꽃을 피우더니, 겨우내 상처 위를 덮었던 눈이 물이 되어 내게 스몄다.

"이제 다시 시작하자."

그간 말없이 다가오던 햇빛이 말을 건넨다.

도대체 무엇을 다시 시작한단 말인가. 나는 지난여름 몸의 대부분을 잃은 그루터기일 뿐인데.

그런데 남은 몸의 한구석이 간질간질하더니 "아얏!"
뾰루지 같은 것이 비집고 나왔다.

새순이었다.

비술나무는 저의 박사 논문 연구 대상이었습니다. 막연하게 북한의 산림 복원에 기여할 수 있는 주제로 연구해 보고 싶다는 저에게 지도교수님이 추천해 준 나무입니다. 당시 연구실에서 추진하던 동북아시아 복원 관련 연구사업이 있었는데, 북한과 인접한 국가인 몽골과 중국의 건조지에 분포하는 비술나무를 연구해 보는 것이 어떻겠냐는 교수님의 제안에 솔깃했습니다. 그리하여 우리나라 동강을 시작으로 몽골과 중국 내몽골 지역 중 비술나무가 분포하는 곳을 찾아다니며 나무를 관찰하고 잎 시료를 채취했습니다. 많이 힘들었지만 두 발로 직접 다니며 현장에서 참 많이 배웠습니다.

비술나무는 큰비 이후에 쉽게 범람하는 강가부터 초지, 이동성 사막 한가운데에 이르기까지 다양한 수분 환경에서 서식합니다. 그리고 강인한 생존력을 지닌 나무입니다. 모래에 나무 전체가 덮이고도 가지 끝에 새순을 내고, 바람 때문에 땅 위에 그대로 드러난 뿌리에도 새순이 돋습니다. 물길이라곤 전혀 없어 보이는 허허벌판 한가운데에서도 살아남아 물길이 닿는 곳까지 멀리 뿌리를 뻗습니다. 동식물의 에너지원인 탄수화물은 식물이 뿌리로 흡수한 물과, 기공을 통해 체내에 유입된 이산화탄소가 빛에너지로 합성되어 만들어집니다. 기공은 대기 중 이산화탄소와 광합성 산물인 산소 같은 기체가 드나드는 숨구멍입니다. 기공의 여닫힘은 대기 중 온도, 이산화탄소 농도, 토양 내 수분이나 양료의 상태 등에 매우 민감하게 반응합니다. 기공은 체내 수분의 소실을 최소화하기 위한 방식으로 진화하는데, 비술나무는 기공의 입구가 잎 표면 아래 깊이에 위치sunken하는 것이 특징입니다. 이러한 비술나무는 같은 지역에 있는 다른 나무에 비해 물 이용 효율도 높아 같은 양의 물로 많은 광합성 산물을 만들어 냅니다.

훗날 어느 국제심포지엄에서 만난 북한 학자에게 비술나무가 북한 산림 복원에도 매우 중요한 수종이라는 사실을 들었을 때는 놀랍고도 뿌듯했습니다. 뿌리 발달 능력이 탁월하고 수분 이용 효율이 높은 비술나무는 황량한 건조지에 가지를 드리워 다른 여러 생명에 오아시스가 되어 줍니다. 작은 동물들이 쉴 만한 그늘을 드리우기도 하고, 방목하는 소와 양이 키 작은 비술나무에 매달려 잎을 뜯어 먹기도 합니다. 하지만 잎을 뜯어 먹히거나 가지가 꺾인 비술나무는 바로 죽지 않고, 다시 맹아를 틔우는 회복력을 지니고 있습니다. 따라서 북한에서는 훼손된 산지 토양을 고정하고 가축을 먹이기 위해 비술나무를 심는다고 합니다.

제가 일하는 국립산림과학원 홍릉시험림에서 비술나무를 다시 만났습니다. 하지만 반가움도 잠시, 이듬해 여름 매서운 폭우를 동반한 태풍으로 비술나무가 쓰러졌습니다. 죽은 줄 알았는데, 다음 해 새순이 났습니다. 비술나무의 강인한 생명력을 확인한 순간이었습니다. 10여 년이 지난 지금도 비술나무는 건강하게 사계절을 맞이하고 있습니다.

• 함께 걸어 보아요

백문이 불여일보! 서울 회기로 57에 자리한 국립산림과학원 홍릉시험림을 걸어 봅시다. 홍릉시험림은 산림청이 선정한 '100대 명품 숲' 중 하나로, 총 15구역으로 구분된 숲에서 2000여 종의 나무와 풀을 만나 볼 수 있습니다. 그중 제3수목원에 바로 이야기의 주인공인 비술나무가 자라고 있지요. 그 밖에도 경복궁이나 국립현대미술관(서울관) 앞에 가면 멋진 비술나무를 만날 수 있습니다.

느릅나무과 느릅나무속인 비술나무의 학명은 *Ulmus pumila*입니다. 여기서 *Ulmus*는 느릅나무속이라는 뜻이고, *pumila*는 라틴어로 '작다'는 의미를 지니고 있습니다. 비술나무의 형태적인 특징은 다음과 같습니다.

크기 일반적으로 10~20미터까지 자랍니다. 동강 유역에서도 물이 범람하는 곳에서는 키작은나무(관목) 형태로 자라기도 합니다. 몽골이나 중국 내몽골의 건조지에서 자라는 비술나무는 계곡부같이 수분 공급이 원활한 곳보다 키가 더 작습니다.

잎 잎차례는 어긋나기로 나오며, 타원형 잎의 가장자리는 톱니 모양입니다. 가을이 되면 잎을 떨구는 낙엽활엽수입니다.

나무껍질(수피) 회색, 갈색이며, 겉면으로 흘러나오는 수액은 흰빛을 띱니다.

꽃 암꽃과 수꽃이 한 나무에서 따로 핍니다. 꽃은 매우 작아서 잘 보이지 않고, 잎이 나기 전인 초봄에 먼저 핍니다. 바람이 꽃가루를 옮겨 주는 풍매화입니다.

열매 둥글납작하고 날개를 지닌 시과翅果입니다. 연두색이었던 열매는 갈색으로 무르익습니다.

가지 가늘고 이리저리 늘어지는 가지는 우아한 모습을 연출하곤 합니다.

뿌리 깊고 넓게 뻗어 나가는 뿌리는 가뭄과 혹독한 환경조건을 견딜 수 있게 해 줍니다.

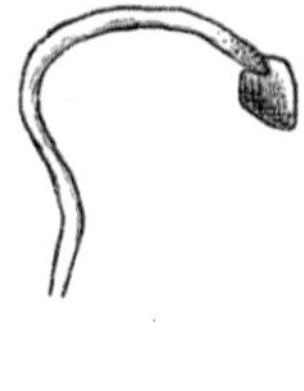

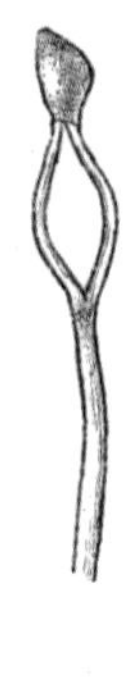

어린 소나무

"뽁!"

거친 흙을 뚫고 여린 초록 목이 굽은 채로 올라왔습니다.

"여어엉차!"

굽은 목을 펼치니 두 장의 잎을 낸 머리에

흙 빛깔의 고깔을 쓰고 있습니다.

어린 소나무입니다.

흙의 든든한 응원과 태양의 따뜻한 힘을 받아

기지개를 활짝 켜니 머지않아 고깔도 벗겨졌습니다.

어린 소나무는 무럭무럭 자랐습니다.

같은 시기에 흙에 닿아 함께 세상 빛을 보았는데도,

어떤 친구는 키가 많이 컸습니다.

'저 친구는 정말 크게 될 거야!'

겨울이 오고 눈이 내렸습니다.

온 세상이 하얗게 꽁꽁 얼어 버렸습니다.
적막한 공기를 뚫고 사박사박 발걸음 소리가 들려옵니다.
눈에 파묻힌 어린 소나무는 영문을 알 수 없었습니다.
봄이 오고 눈이 녹으니 바깥 풍경이 많이 달라져 있었습니다.
큰 키를 뽐내며 자라고 있던 옆 친구의 머리가 휑한 것입니다.
"그동안 무슨 일이 있었던 거니?"
친구가 말했습니다.
"겨우내 굶주린 고라니가 와서 쌓인 눈 바깥으로 고개 내민 아이들을 먹어 버렸어. 그래서 내 키가 반토막이 났지 뭐야."
친구는 그해 여름, 머리 위쪽으로 두 갈래 세 갈래 가지를 뻗으며 자랐습니다.
지난겨울 눈의 보호를 받아 소중한 머리를 지킬 수 있었던
어린 소나무는 하늘을 향해 곧게 자랐습니다.

다시 겨울입니다.
눈이 내립니다.
이번에도 부디 자신의 키보다 더 높이 눈이 쌓이기를
간절히 원해 봅니다.

나중 된 자가
먼저 되고
먼저 된 자가
나중 되리라

소나무가 곧고 멋지게 자라고 있는 숲에서 어린 소나무들이 잘 자라지 못하고 있었습니다. 이 이야기는 그 원인을 파악하기 위해 소나무 씨앗을 뿌리고 어린나무가 자라는 것을 주기적으로 관찰하는 현장 연구를 하며 경험한 일화에서 착안해 쓴 것입니다.

때는 본 연구를 시작하고 두 번의 겨울을 지낸 후 이른 봄이었습니다. 연구지에 도착하자마자 깜짝 놀랐습니다. 지난 가을까지 잘 자라던 어린나무들이 일정한 높이에서 잘려 있었습니다. 처음에는 누가 실수로 예초기나 낫으로 잘라 버린 줄 알았습니다. 그러나 어린나무 주변의 다른 키 큰 풀들은 잘려 나간 흔적이 없었습니다.

과연 누가 그런 것일까? 저는 탐정이 된 심정으로 주변을 살피며 범인을 추적하기 시작했습니다. 여기서 주목할 것은 어린 소나무들이 일정한 높이에서 잘려 나갔으나 주변의 다른 (주로 말라 있던) 식물들에서는 그 흔적을 발견할 수 없었다는 점입니다. 그리고 키가 일정 높이 이하인 소나무들도 멀쩡했습니다. 아뿔싸! 겨울! 눈! 초식동물들의 소행임을 직관적으로 알아차렸습니다. 겨울철 마땅히 먹을 것이 없어 굶주린 동물들이 눈 위로 빼꼼 고개를 내민 소나무 잎을 먹은 것입니다.

나무의 키가 자라는 방식은 고정생장과 자유생장으로 구분합니다. 고정생장은 그해에 자랄 모든 줄기의 원기原基(다음 해 자랄 줄기나 잎의 싹이 되는 기본 단위)가 전년도 겨울눈에 미리 형성되는 방식이며, 자유생장은 겨울눈에서 봄 잎을 내고, 바로 또 눈을 만들어 여름 내내 여름 잎을 만드는 방식을 말합니다. 주로 상록침엽수들이 고정생장을 하고 그 밖의 활엽수들은 자유생장을 합니다. 이야기의 주인공인 소나무도 고정생장을 하는 대표적인 수종입니다. 소나무는 봄에 원줄기가 자라나게 하는 물질을 지난해에 윗머리에 저장해 두고, 한 해에 한 번씩만 자라는 특성이 있지요(단, 이상 고온 환경에서는 어린 소나무의 키가 두 번 이상 자라기도 합니다).

윗머리가 모두 잘려 나간 소나무는 더는 자라지 못할 것이라 생각했습니다. 그런데 그해 여름 감쪽같이 새순이 돋아났습니다. 줄기는 여전히 새롭게 피어날 잠재력을 품고 있었던 것입니다. 다만 전해에 키가 작게 자라 겨우내 눈 속에 파묻혀 있던 소나무는 윗머리 공격(?)을 받지 않았으니 이듬해 키가 다른 소나무보다 더 높이 자랐습니다. 그리고 줄기를 곧게 뻗어 장차 목질이 고른 목재로 쓰임 받을 확률이 높아졌습니다. 성경의 마태복음 20장 16절 "이같이 나중 된 자가 먼저 되고 먼저 된 자가 나중 되리라"는 구절이 떠올랐습니다.

겨울철 숲속에 내리는 눈은 봄철에 녹으면서 식물에 수분을 제공해 줄 뿐만 아니라 나무들을 다른 피해로부터 보호해 주기도 한다는 사실을 깨닫게 되었습니다. 그래서 지구온난화를 동반하는 기후변화에 따라 겨울철 내리는 눈의 양과 눈 내리는 기간이 달라지면 눈의 보호를 받는 소나무나 구상나무 같은 늘푸른나무의 생장과 생존도 위협받을 수 있습니다.

• 함께 읽어 보아요

"나무가 죽었다는 것은 어떻게 알아요?"

생태 동아리 활동의 일환으로 저를 찾아온 어느 초등학교 학생의 질문에 뜨끔했습니다. 바로 그날 아침, 시험림 안에서 죽은 나무들을 보고 왔던 터라 제 상황을 아이에게 들킨 것만 같았기 때문입니다.

"사람이 죽은 건 판단하는 기준이 있잖아요. 나무는 그걸 (죽었다는 것을) 어떻게 알아요?"

나무가 죽었다는 것은 어떻게 판단할까요? 한 달이 지난 지금도 마음속에서 공명하는 질문입니다.

나무는 이산화탄소와 물을 흡수하고 잎에서 빛 에너지를 받아 탄수화물과 산소를 만들어 내고(광합성), 산소를 이용해 포도당을 분해해서 에너지를 얻는 과정(호흡)을 통해 생명을 유지합니다. 따라서 파릇하게 광합성을 하고 호흡해야 하는 잎이 누렇게 변하거나 일찍 떨어져 버리지는 않았는지 눈으로 확인하는 것은 나무가 죽었는지 가장 쉽게 판단하는 기준이 되기도 합니다. 특히 잎이 누렇게 변해 버렸다는 것은 잎에서 광합성에 반드시 필요한 엽록소가 모두 파괴된 결과이기 때문입니다.

그날 아침에도 기공(광합성과 호흡 과정에서 식물체 안에 남은 물이 빠져나가는 증산작용이 일어날 때 기체가 들고 나는 통로)이 잘 열리고 닫히는지 여부를 확인하고, 나뭇잎에 엽록소(빛에너지를 흡수하고 이산화탄소를 탄수화물로 전환하는 데 꼭 필요한 색소)가 남아 있는지 측정했으나, 영 가망이 없어 보였습니다. 예보를 거듭하고 있는 태풍에 대비하려고 온실 문단속을 꼼꼼히 한 탓에, 태풍이 오지 않은 그날 밤 온실 속 나무들이 모두 너무 더워 죽어 버린 것입니다. 저의 잘못된 조치로 살아 있던 것들을 하룻밤 사이 죽음으로 몰아 버렸다는 사실에 많이 괴로웠습니다. 누렇게 변해 버린 잎 사이로 녹색 빛깔을 띠는 잎을 찾아 확인했지만 결과는 별반 다르지 않았습니다. 마치 환자의 사망을 인정하지 않고 심폐 소생술을 하는 의사의 심정이 이와 같을까, 하는 생각이 들었지요. 그간 실험 나무들이 축적한 생물량이 얼마나 되는지 측정하기 위해 잎과 가지를 모두 거두고 화분에는 뿌리만 남겨 두고 내려왔습니다.

그런데 2주 후, 다 죽은 줄만 알았던 졸참나무 화분에서 새순이 돋은 게 아니겠어요? 모두 끝인 줄만 알았던 곳에서 새순이라니! 아차 싶었습니다. 찌는 더위에 잎과 가지는 기능을 다했어도 맹아력이 뛰어난 졸참나무의 뿌리는 아직 살아 있었던 것입니다.

나무의 죽음을 눈에 보이는 것만으로 속단할 수는 없다는 결론에 이르렀습니다. '저는 이제 가망이 없나요?' 열심을 품고 하던 일이 잘 풀리지 않아 답답할 때나 상하고 시들어 버린 마음을 마주할 때면 종종 속으로 되뇌곤 합니다. 그러나 돌이켜 보면 끝인 것만 같았던 그 지점에서 새로운 길이 열리기도 하고, 허물어진 마음에 새살이 돋아나기도 했기에 지금껏 삶이 계속되었습니다. 스스로 감각하지 못했던 잠재력이 '살아 있었기 때문'이지요. 그러니까 함부로 '끝'을 속단하지 않을 일입니다.

- 나무의 죽음?, 〈아름다운 동행〉
'고은이의 나무 읽기', 2018년 10월 1일.

아기 돌

떽 떼구르르 떽 떼구르르 딱!
엄마 바위에서 떨어져 나온
아기 돌이
구르고 튕기고 구르고 튕기다가

아얏!

아기 나무의 무릎에 맞았네
줄기가 무를까 뿌리가 저릴까
조마조마한 아기 돌
가만가만 앉았네

바람에 꺾일까
빗물에 쓸릴까
조마조마한 아기 돌
아기 나무를 지켰네

생명을 지킨다는 것의 의미

아주 오랜만에 지하철로 출근길에 올랐습니다. 연이은 출산으로 아기들을 돌보고 있어 그간 코로나19 바이러스 감염 부담 때문에 자가용으로 출퇴근했는데, 최근 된통 앓은 끝이라 항체도 형성되었겠다, 조금은 가뿐한 마음으로 대중교통을 이용하기로 한 것입니다.

갈아타는 경로를 고려해 1-1칸에 탑승했습니다. 지하철 안은 사람들로 붐볐습니다. 벽에 기대어 서 있던 한 젊은 여성이 저를 보더니 손짓을 했습니다. "이리로 오셔서 여기(벽) 기대세요." 영문을 모르는 저는 그냥 눈짓으로 괜찮다고 인사했습니다.

몇 정거장을 지나자 내린 사람들보다 더 많은 사람이 탑승해 서로 몸이 닿을 정도가 되었습니다. 바로 그때, 아까 그 여성이 제 팔을 붙들어 자신이 서 있던 벽 쪽으로 데려갔습니다. 그러고는 밀려오는 사람들로부터 나를 보호해(?) 주기 위해 본인의 팔로 벽을 짚고 최선을 다해 공간을 만들어 주었습니다. 그때 깨달았습니다. 이분은 제 부른 배에 새 생명이 있다고 생각한 것이 분명했습니다. 어찌나 민망하던지.

저는 눈을 꼭 감았습니다. 임신하지 않았다고 말해 줄까 고민했지만, 그렇게 말하면 그분이 민망해할 것 같았습니다. 생명을 온몸으로 지켜주려는 그 선한 마음이 위축될 것 같았습니다. 그래서 민망함은 제 몫으로 남겨 두기로 했습니다. 지하철에서 내릴 때, 저를 보호해 준 그 여성에게 고맙다는 인사도 잊지 않았습니다. 다음에도 생명을 지키는 일에 용기를 내 주기를 응원하는 마음을 담아서요. 직장으로 걸어가는 내내 마음이 몽글몽글해졌습니다. 그리고 그 여성이 참 고마웠습니다. 내가 만약 정말 임신 중이었다면 인파에 치이는 그 상황이 매우 위협적이었을 것입니다.

그러고 보면 한 생명이 잉태되어 세상 빛을 보고 살아가기까지 죽거나 다칠 가능성은 도처에 산재해 있습니다. '어쩔 수 없이' 잃게 되는 경우도 있으나 '어쩌다가 우연히' 살리게 되는 경우도 있습니다. 그리고 우리는 '의도적으로 힘써' 지키고 살려 낼 수 있는 선택지를 쥐고 살아갑니다. 이 땅에 생명 있는 모든 것을 어떻게 살피고 살려 평화를 이루어 갈 것인가, 깊이 생각하고 실천할 수 있는 용기의 씨앗이 바로 우리에게 있습니다.

나무에서 떨어진 씨앗은 작고 여린 풀과 같은 어린 싹을 틔워 집채만 한 아름드리나무로 자랄 때까지 무수히 많은 죽음의 상황을 겪게 됩니다. 씨앗이 떨어진 바닥이 싹을 틔우기에 적합한 곳일 경우, 싹을 틔우기에 필요한 기상 여건이 주어질 경우, 활착하는 과정에서 뿌리가 들리지 않을 경우, 강풍이나 늦서리 같은 이상기후를 피해 갈 경우, 병충해를 입지 않을 경우, 경쟁 수종이 누르거나 빛을 가리지 않을 경우, 사람이나 동물의 발에 밟혀 상하지 않은 경우 등의 상황일 때 비로소 생을 이어 갈 수 있습니다.

제가 연구하는 우리나라 아고산 지역의 상록침엽수림 현장에서는 어른 나무의 집단 고사와 함께 후대를 이을 어린나무가 나오고 있지 않거나 잘 자라지 못해 숲의 존속이 위협받고 있습니다. 아기 나무가 무럭무럭 자라서 청소년 나무가 되고, 더 자라서 어른 나무가 되는 것을 진계생장進界生長이라고 합니다. 진계생장이 잘 이루어지지 않는 아고산 상록침엽수림은 소멸 위협에 노출되어 있습니다. 물론 기후변화라는 거대한 압력 아래에서 기존 나무가 미래 기후에 더 잘 적응할 수 있는 다른 수종에게 자리를 내주는 과정을 자연의 순리로 받아들여야 하지 않겠냐는 시각도 있습니다.

그러나 저는 다음의 두 가지를 꼭 다시 생각해 보았으면 합니다. 워낙 거칠고 험준한 아고산 지역에서 가까스로 생존하고 있는 아고산 상록침엽수종이 소실될 경우, 이를 대체하는 수종이 과연 숲을 이룰지 여부가 불확실한 상황에서 우리는 아고산 지역 산림의 수종 구성과 구조를 포기해도 될까? 기후변화는 인간의 활동으로 가속화되고 있는데, 이에 어쩔 수 없이 노출된 산림에서 생존을 위협받는 생물종을 돌볼 책무가 우리에게 있지 않은가? 이는 제가 아고산 상록침엽수림에서 어린나무의 발생과 진계생장을 도울 방법을 찾는 일을 포기할 수 없는 이유입니다.

다양한 생물적•비생물적 요소가 복잡한 상호작용을 하는 산림 생태계처럼 우리 사회도 서로 긴밀히 연결되어 있습니다. 설사 내가 알지 못하는 생명일지라도 서로 구하고 지켜 주려는 다정한 마음이 널리 퍼지면 좋겠습니다.

• 함께 읽어 보아요

은미향, 《숲은 살아 있다》, 북극곰

버섯은 생태계에서 분해자 역할을 수행합니다. 모든 생명 있는 것은 죽는데, 죽은 것이 분해되고 잘 썩어야 비로소 다음 생명의 흙과 양분이 되어 줄 수 있습니다. 그런 의미에서 버섯과 같은 분해자는 산 것과 죽은 것을 잇는 연결자입니다. 분해자를 통한 물질 순환이 잘 이루어져야 건강한 산림 생태계를 유지할 수 있습니다. 이 책의 주인공은 숲속의 연결자 달걀버섯입니다.
까마귀가 달걀버섯의 여행에 동행합니다. 버섯의 씨앗 역할을 하는 포자가 바람에 날려 숲에 닿을 때까지 마주하게 되는 여러 고비를 엿볼 수 있습니다. 까마귀가 달걀버섯이 피고 지고 다시 피어나기까지 '조금만 더 힘을 내'라며 응원하고 격려하고, 달걀버섯을 위협하는 뱀을 몰아내기 위해 날갯짓을 합니다. 까마귀의 노력이 모든 포자를 살려 내지는 못했지만, 까마귀가 포자를 응원하는 목소리가 책을 읽는 사이, 들리는 듯합니다. 삶에서 예측 불가능하며, 무력하게 만드는 역경을 마주할 때도 까마귀같이 든든한 친구가 있다면 얼마나 큰 힘이 될까요. 결국 다시 피어나서 살아 있는 숲을 완성하는 달걀버섯처럼 우리도 곱게 피어나 생명이 다할 때까지 건강한 삶터를 만들어 갈 수 있으면 좋겠습니다.
모든 그림을 작가가 직접 연필과 물감으로 그렸다는 사실을 인지하고 책을 펼치면 각 장의 그림 구석구석 정성을 들여 구경하게 되는데, 꽤 재미있고 흥미진진합니다. 참고로 작가의 부군은 지금은 돌아가셨지만 우리나라 버섯을 연구했던 고 류천인 박사님이시고, 그 류박사님의 큰딸 류림 박사는 저와 같은 기관에서 일하는 동료이기도 합니다.

새

"까 까." 봄이라는 아기가 나를 부르는 소리야. 그렇다고 내가 까마귀라고 생각하지는 말아 줘. 나는 딱새야. 봄이 할머니는 아기에게 나를 '짹짹이'라고 일러 주었지만, 아기는 아직 '까'라고 부르는 것이 편한가 봐. 아무렴 어때, 봄이가 나를 볼 때마다 이렇게 반갑게 맞이해 주는데 말이야.

나는 여기 봄이네 담벼락에 진득하니 머물면서 봄이 재롱을 실컷 보고 싶은데, 그게 참 어렵네. 난 지금 또 날아가야 하거든.

하늘을 나는 나를 부러워하는 이들이 꽤 있더라. 특히 학교 운동장에 있는 느티나무 걔. 내가 어디로든 날아갈 수 있으니 자유로워 보인다나. 하지만 내가 날아다니는 이유는 주로 '어쩔 수 없어서'야. 한 번 날갯짓해서 한 발 옮기려 해도 얼마나 많은 힘이 필요한지 몰라. 그래서 나도 웬만하면 한자리에 가만히 있고 싶지만 그럴 수 없는 경우가 많다고.

먹이 찾으러 다녀야지.

물도 마시러 가야 하지.

쉴 만한 곳도 찾아다녀야지.

둥지 만들 곳도 찾아다녀야지.
둥지 만들 재료도 날라야 하지.
그뿐이면 다행이지! 직박구리나 까치가 심술부리며 쪼아 대기라도 하는 날에는 어디 발 붙일 새도 없이 이리저리 피해 다녀야 한다니까. 휴.
그러니까 나는 살아남기 위해 움직이는 것일 뿐이야.
자유는 무슨.

느티나무는 내가 세상의 많은 이야기를 전해 주어서 고맙대. 그런데 내가 이렇게 수다스러운 것도 다 내가 살기 위해서야. 이리저리 날아다니다 보면 원하든 원하지 않든 곳곳에서 일어나는 많은 일을 알게 되거든. 아는 이야기가 많아지니, 머리가 복잡하고 무거워져서, 이거 원 살 수가 있어야지. 여기저기서 보고 들은 이야기를 나무들에게 전해 주며 수다를 떨고 나면 몸과 마음이 한결 가벼워지는 것 같은 기분이 들어. 그러니까 내가 특별히 착하게 굴려고 봉사하는 게 아니라는 사실을 알아주면 좋겠어. 나 좋아서 그러는 거지.
다시 한번 말하지만 난 별로 날아다니고 싶지 않아. 한자리에 진득하게 있고 싶다고. 특히 나를 늘 신나게 반겨 주는 봄이가 있는 바로 이 집 담벼락 위에!

지금 말을 하다 보니 생각났는데, 고된 날갯짓을 하다가도 문득 마음이 몽글몽글해질 때가 있기는 해. 싹이 트고 꽃이 피는 봄, 마을 뒷산 언덕에 나만 아는 사과나무의 새싹이 솟아오를 때! 지난가을에 내가 싼 똥에 들어 있던 바로 그 씨앗에서 말이야. 사람들은 얼핏 풀이랑 구분하지 못하기도 하는데, 나는 한눈에 알아볼 수 있어. 저 새싹이 커서 사과나무가 될 거라는 사실을. 그럼 나중에 사람들이 의아해할지도 몰라. 인적이 드문 이곳에 생뚱맞게 왜 사과나무가 있지? 난 그런 반응을 접할 때 희열을 느껴. 정신없이 날아다니느라 양지바른 곳에 힘껏 조준하지도 못했는데 용케 싹을 틔워 준 게 대견하기도 하고, 그 작은 싹을 나만 알아차릴 수 있다고 생각하면 정말 신나. 초록빛 소나무 숲에 드문드문 하얀 꽃을 활짝 피운 팥배나무도 내 부모님의 부모님의 부모님이 그곳 위를 지나다녔다는 증거랬어. 참 멋지지 않니? 나같이 작은 몸으로 큰 나무를 산에 옮기다니!

그런데 말이야. 곰곰이 생각해 보니, 내가 나무만 옮기고 다니는 건 아닌 것 같기도 해. 내가 별생각 없이 (내 머리 가벼워지려고) 쏟아 낸 이야기에서 가끔 싹이 트는 것 같기도 하더라고. 그게 무슨 말이냐 하면……

우리는
알게 모르게
서로 돕는다

사람들은 하늘을 나는 새를 자유의 상징처럼 여기지만, 새가 날갯짓하기 위해서는 정말 많은 에너지가 필요하다는 사실을 학부 전공 수업 시간에 처음 들었습니다. 나는 것을 피곤해하는 새의 이야기로 남들은 보지 못하는 고단한 일상 속에서 어쩔 수 없이 하는 행동이 때로는 다른 생명을 생육하고 여러 생명이 번성하는 일에 기여할 수도 있다는 것을 말하고 싶었습니다.

이 이야기의 처음 주인공은 참새였습니다. 그런데 사실 검증을 위해 당시 미국에서 새를 전공하고 있던 후배(현 경희대학교 김한규 교수)에게 처음 글을 보여 주니 "누나, 새들의 먹이는 부리의 유형과 '똥꼬'의 크기와 관련 있어요. 그런 의미에서 꽃을 피우는 나무를 옮길 만한 새는 직박구리나 딱새가 아닐까 싶어요. 참새 똥꼬 아플 듯!"이라고 하더군요. 그래서 딱새로 주인공을 바꾸었습니다. 직박구리나 딱새는 사과나무나 팥배나무 열매를 쪼아 먹는데, 그 과정에서 삼킨 종자가 그대로 배설되어 (씨앗을 있는 그대로 삼키고 거뜬히 밖으로 내보낼 수 있는 크기의 '똥꼬'가 있는 새!) 적당한 땅에 닿으면 싹을 틔우는 것입니다. 후배에게 묻지 않았더라면 사실과 전혀 맞지 않는 이야기가 될 뻔했습니다.

산을 오가는 동물 중에는 딱새나 찌르레기처럼 어쩌다 보니 산속 식물을 이곳저곳에 옮기는 역할을 하는 동물이 여럿 있습니다. 다람쥐 같은 설치류들은 도토리나 잣 같은 먹이를 자신들만의 장소에 꼭꼭 숨겨 두는 습성이 있는데, 어디에 숨겼는지 잊고 찾아 먹지 못한 씨앗에서 싹이 트고 큰 나무가 되기도 합니다. 저의 박사 논문 연구를 도와주신 심양응용생태연구소의 주자오준Zhu Jiaojun 박사님의 실험실을 방문했을 때였습니다. 실험실 한편에 각각 꼬리표가 달린 잣과 도토리 등 설치류의 먹잇감이 되는 열매가 한 무더기 쌓여 있는 것을 보았습니다. 설치류가 이들 열매를 옮기는 패턴에 대한 실험을 기획하고 있다고 했습니다. 그 결과는 2017년 〈포레스트 에콜로지 앤드 매니지먼트〉라는 저널에 실렸습니다. 김한규 박사와 대화하면서 박새들도 다람쥐처럼 씨앗을 숨겨 놓는다는 사실을 알게 되었습니다. 박새는 주로 나무껍질 사이에 숨긴다고 합니다. 박새들이 깜박 잊은 씨앗도 언젠가 싹을 틔울 수 있을까요? 궁금해집니다. 한편, 나무에 몸을 비비거나 진흙 목욕을 좋아하는 멧돼지는 그 과정에서 털에 붙은 풀씨를 옮겨 완전히 새로운 곳에서 싹트게 하기도 합니다.

내 몸짓이 나도 모르는 사이에 무언가 옮기고 싹틔우게 한다면 그것은 무엇일까 곰곰 생각해 봅니다. "그때 네가 곁을 내주어 내가 다시 일어날 힘을 얻었어"라는 말을 들은 적이 있습니다. 그저 마음 가는 대로 했을 뿐인데, 그게 누군가를 부축하는 일이 되었다니 감사하고 황송했습니다. 저 역시 지나온 길에 만나고 연을 맺은 이들이 내준 품과 따뜻한 말 덕분에 기운을 차리고 살아갈 용기를 냈던 일을 기억합니다. 때로는 일면식 없었던 분에게 느닷없이 응원의 마음을 한껏 받은 적도 있습니다. 학업을 포기하고 싶었던 날 저녁, 걸어갈 기운도 없어 탑승했던 택시의 기사님이 대뜸 (저의 형편을 이야기하지 않았음에도) "요즘 공부하는 학생들이 참 귀하다"라는 말씀을 해 주시는 바람에 조금 더 힘을 내야겠다고 마음 먹은 일이 있습니다.

그뿐만이 아닙니다. 어느 주말, 그때도 '역시 나는 이쯤에서 다른 길을 찾아야겠어'라고 결심하고 집으로 돌아오는 전철에서 맞은편에 앉은 시각장애인이 하차하려는 모습이 눈에 들어왔습니다. 당시 그분이 하차하는 역에 스크린 도어가 없고, 계단으로 내려가는 길이 친절하지 않아서 실족할까 봐 염려되었습니다. 저의 목적지는 한 정거장 남았지만 오지랖 넓은 저는 그분에게 도움이 필요하냐고 여쭈었습니다. 그렇게 해서 그분이 가려는 병원까지 동행해 드렸는데, 큰 도로를 두 번 건너 1킬로미터 정도 되는 거리를 걸으며 주고받은 대화의 마무리는 그분이 제게 건넨 응원의 말이었습니다. "부디 끝까지 완주하세요. 나중에 박 선생이 성공했다는 소식을 듣게 될 날을 기대합니다." 그분이 말한 성공의 의미는 잘 모르겠으나, 포기하지 않고 학위 과정을 완주한 데는 그분의 격려와 응원의 말이 분명 도움이 되었습니다. 택시 기사님과 시각장애인, 두 분을 만난 것은 그때뿐이었고 성함도 얼굴도 전혀 기억나지 않습니다. 그러나 그분들이 시들어 가던 꽃 같았던 제가 다시 피어나는 데 필요한 만큼의 힘을 보태 준 것만큼은 분명합니다.

저를 피어나게 해 준 모든 인연에 감사의 마음을 전하고 싶습니다.

• 함께 읽어 보아요

브렌다 기버슨(글), 메건 로이드(그림), 《선인장 호텔》, 마루벌

미국 애리조나주 남부의 소노라 사막과 멕시코 북부에 실존하는 사구아로 선인장의 생활사를 그린 책입니다. 사구아로 선인장의 열매가 땅에 떨어져 씨앗이 노출되고, 늙은 사막쥐의 수염에 붙은 씨앗 하나가 팔로버드라는 나무 밑에 우연히 떨어져 싹이 트는 것으로 이야기가 시작됩니다.

다섯 살 어린이 키만큼 자라기까지 25년이 걸렸고, 선인장 그늘에 쉬던 토끼가 선인장을 갉아먹기 시작할 무렵 늑대가 나타나 토끼가 도망가는 바람에 선인장은 계속 자라납니다. 50년이 지나 처음으로 하얗고 노란 꽃을 꼭대기에 피운 선인장에 각종 새가 모여듭니다. 딱따구리가 처음 선인장 꼭대기에 구멍을 내고 지내며 선인장에 해로운 벌레를 잡아먹습니다. 딱따구리는 올빼미에게 자리를 내줍니다. 딱따구리를 비롯한 여러 새가 그 사이 더 자란 선인장에 새로이 둥지를 틉니다. 이렇게 아빠 키의 세 배만큼 자란 사구아로 선인장은 여러 새의 보금자리가 되어 줍니다. 150세에 아빠 키 열 배나 되는 키에 무게가 자동차 다섯 대를 합한 것만큼 무거워져 더 이상 자라지 않던 선인장은 싹이 튼 지 200년이 지난 후 거센 바람에 휩쓸려 쓰러집니다.

선인장 호텔 높은 곳에서 살던 동물들은 다른 보금자리를 찾아 떠나갔지만, 지네·전갈·개미같이 낮은 곳에 사는 동물들이 이사를 옵니다. 줄기와 뼈대만 남을 무렵 주위에는 선인장 숲이 생겼습니다. 쓰러진 선인장이 그러했듯, 우연히 땅에 닿아 여러 고비를 넘겨 살아남았을 선인장들이 숲을 이룬 장면으로 책은 끝을 맺습니다. 씨앗을 옮겨 준 늙은 쥐, 흠뻑 내린 비, 토끼를 쫓아 준 늑대의 출현, 벌레를 잡아먹어 준 딱따구리 등. 사구아로 선인장이 200년간 생을 다할 수 있게 도와준 이들을 찾는 재미가 쏠쏠합니다. 여러 도움으로 생을 이어 간 사구아로 선인장도 결국 건조하고 척박한 사막 생태계에서 여러 생물의 보금자리가 되어 그들의 생명을 지켜 준다는 점에서 서로 깊이 연결되어 있는 생명의 신비를 다시금 깨닫게 해 주는 책입니다.

구상나무

톡톡
깜깜한 이 밤에 깊이 잠들지 못하는 것은
잎이 떨어지는 소리 때문이다.
땅은 아직 녹지 않아 물을 빨아올릴 수 없는데
해는 갑자기 뜨거워진 탓에 혼란하기를 여러 해.
우린 굶주렸고 아직 초록이어야 하는 잎들은 누렇게 변했다.
에너지를 생산하는 공장을 모두 잃어 가고 있으니
이 몸을 유지하기 어려울 지경이 되었다.

우지끈-짝
얕은 땅에 가까스로 버티고 있는 뿌리가 흔들리는 것은
이웃이 제법 사라졌기 때문이다.
거센 바람에 쓰러지기도 하고, 먼저 굶주려 생을 마감한 이들이
그나마 바람막이가 되어 주지 못하고 몸을 잃었다.

얄미워도 조금만 미워할 것을,

물도 밥도 나누어 줄 테니 함께 살았으면.

네가 살아야 나도 산단다.

울며 바라는 마음 둘 곳 없다.

나무가
서로를
돌보는 이유

한때 저는 고요한 숲에서 평화를 느낀다는 이에게 냉소적이었습니다. 숲속에서 얼마나 치열한 '경쟁'이 일어나고 있는지 모르고 하는 말 같았기 때문입니다. 나무들은 생존과 생장에 꼭 필요한 물과 양분을 조금이라도 더 확보하기 위해 치밀하게 뿌리를 뻗고, 빛을 더 받으려고 다른 나무에 질세라 위로 뻗어 나갑니다. 그러니 숲속 나무들도 저마다 '살아남은 자'가 되기 위해 아우성치고 있다고 생각했습니다.

그러나 영화 〈아바타〉에서 본 한 장면은 제 생각에 다른 창을 내주었습니다. 치유와 회복이 필요한 사람을 위해 서로의 어깨에 손을 얹고 기도하는 모습이 그곳에 있는 나무들의 뿌리가 촘촘한 망을 이루어 서로 연결되어 있는 모습과 중첩되었습니다. 서로 다른 개체가 연결된 그 모습은 저만 살겠다고 몸부림치는 것이 아니라 서로 소통하고 돕는 이의 모습을 떠올리게 해 주었습니다.

여러 학자가 나무가 서로 소통한다는 사실을 과학적으로 입증하는 연구를 발표하고 있습니다. 곰팡이 균사가 서로 다른 나무의 뿌리와 뿌리를 연결해 주거나, 나무들이 직접 맞닿은 뿌리 부위로 물질 신호를 주고받으며 위험신호를 보내기도 한다는 것입니다. 소통하며 서로 돌보는 나무들이 그저 신기하고 경이롭습니다.

그런데 우리가 흔히 알고 있는 자연선택설, 무한경쟁, 적자생존의 시각으로 들여다보면 쉽게 이해되지 않는 대목이기는 합니다. 나무들은 왜 연결되어 서로 소통해야 하는 것일까요? 바로 이웃한 나무들이 건강하게 살아야 자신(나무)도 건강하게 살 수 있기 때문입니다.

저를 비롯한 많은 연구자가 우리나라의 아고산 일대(고도 1000미터 이상 되는 곳)에 분포하는 상록침엽수림이 무리 지어 죽는 현상의 원인을 밝히고, 이 숲을 도울 방법을 찾기 위해 연구하고 있습니다. 이 이슈에서 특히 주목받는 나무가 있습니다. 바로 구상나무입니다. 우리나라 고유 수종인 구상나무는 한라산과 지리산 등 우리나라 산림에서 모두 죽어 버린다면 멸종하게 됩니다. 이 지구상에서 삶의 터전을 영영 잃는 것입니다. 어떤 이들은 '구상나무만 나무냐, 구상나무가 죽은 자리에 다른 종이 들어와 살겠지. 죽는 데는 이유가 있을 텐데, 우리가 어떻게 순리를 거스를 수 있겠느냐'라며 너무 호들갑 떨지 말라는 듯 이야기합니다.

그러나 제 생각은 다릅니다. 아고산 일대는 가뜩이나 물도 부족하고 토양의 깊이도 깊지 않을 뿐만 아니라 바람이 거세게 불어 나무들이 살기 어려운 환경입니다. 이러한 역경 속에서도 어렵게 살아남은 나무들이 죽으면 그들이 이루고 있던 숲도 함께 사라지게 됩니다. 나무 한 그루가 사라지면, 나무가 만들던 그늘이 없어지니 토양이 빛에 그대로 노출되어 토양 환경이 달라지고, 그 아래 뿌리를 내린 다른 나무들에도 영향을 줍니다. 그리고 그 나무 덕분에 조성된 환경에 기대 살던 다른 나무와 크고 작은 생물의 생존에도 위협이 됩니다. 그러니까 한 나무의 죽음은 무게가 결코 가볍지 않습니다.

나만 살아서는 살아갈 수 없습니다. 우리도 연결되어 있습니다. 이것이 바로 서로 돌보기 위해 우리가 가진 것과 마음을 할애해야 하는 이유입니다.

• 함께 보아요

영화 〈아바타〉의 배경은 22세기로, 지구를 떠나 외계 행성 판도라로 이동한 인류의 이야기를 중심으로 내용이 전개됩니다. 장애가 있는 전투용 로봇 조종사인 주인공 제이크 설리는 쌍둥이 동생이 사망한 후, 형제의 대리 몸체인 아바타로 불리는 인공 생명체로 전환되어 우주 자원 개발과 유통을 독점하는 거대한 기업RDA의 판도라 채굴 프로젝트에 참여하게 됩니다. 제이크는 아바타를 통해 외계 행성의 자연과 문화를 경험하고, 그 과정에서 판도라의 원주민인 나비족과 소통과 교감을 시작합니다.

영화 속 아바타는 외양이 나비족과 유사하며, 인간과 나비족 간의 상호작용을 위한 중재자 역할을 하는데, 이를 통해 제이크는 판도라의 다양한 생태계와 그 안에서 펼쳐지는 복잡한 사회적 구조를 이해하게 됩니다. 그중 특히 제이크는 나비족인 여성 네이티리와 만나면서 그들의 문화와 연결되고, 그녀와 사랑에 빠지면서 인간과 나비족 간의 경계를 허물게 됩니다. 그러나 동시에 인간 기업이 판도라의 자원을 탐욕스럽게 착취하려는 시도를 멈추지 않으면서 판도라의 자연과 나비족의 존엄성을 위협합니다.

영화 중반에 제이크가 판도라의 자연과 나비족의 문화를 더 깊이 이해하기 위해 나비족의 전통 의식에 참여하는데, 제이크는 이 의식에 참여하며 나무의 뿌리를 따라 나무와 나비족이 연결되는 모습을 목격합니다. 제이크는 판도라의 생명력과 에너지를 상징하는 영혼의 나무와 연결된 나비족의 특별한 능력과 지혜를 체험하고, 판도라의 아름다움과 나비족의 삶을 향한 존경의 마음을 갖게 됩니다. 영화 속에서 모든 식물의 뿌리가 연결된 나비족의 정보 네트워크인 '영혼의 나무'를 만나 보세요.

• 함께 걸어 보아요

아기 구상나무를 볼 수 있는 산길을 추천합니다. 지리산 노루목에서 반야봉으로 가는 길목에 위치한 세석평전 인근, 그리고 한라산 윗세오름에서 남벽 쪽으로 걷다 보면 길가에 살고 있는 아기 구상나무들을 만날 수 있습니다. 갓 싹이 튼 아기 구상나무의 키는 3센티미터 내외로 매우 작고 여립니다. 아기 나무들이 고개를 내미는 봄의 계절에는 등산로 외의 숲속 출입을 하지 말아야 합니다. 이런 다정함이 아기 나무를 지킬 수 있습니다.

ⓒ WSTAY.com

민들레꽃

"꽃씨를 날려 보아요!"

병아리반 선생님이 보송보송한 씨앗이 달려 있는 민들레를 꺾어 아이들에게 하나씩 나누어 주는데, 봄이가 말했습니다.

"아야, 아포!"

선생님은 아이가 벌레에게 물린 줄 알고 아이에게 다급히 다가 갔습니다.

"봄이야, 벌레가 '아야' 하고 '콩' 물었어요?"

그러자 아이는 오동통한 손으로 바닥에 있는 꽃을 가리키며 야무지게 말했습니다.

"아야, 아포!"

봄이의 소리에 잠자던 씨앗들이 깨어났습니다.

"엄마, 주변이 왜 이렇게 소란스러울까요?"

"사람들이 우리를 그냥 지나치지 않는 것을 보니, 이제 때가 되었나 보다."

"때가 되었다니요?"

"어느새 너희가 잘 영글었구나. 이제 바람을 타고 떠나야 할 때가 온 거야."

"엄마, 저희는 엄마 곁을 떠나고 싶지 않아요. 끝까지 함께 있으면 안 되나요?"

짙은 고동색으로 무르익은 씨앗들이 떠나기 싫다고 아우성쳤습니다. 보송보송한 솜털 끝에 자꾸 바람이 스쳐 지나가니 곧 엄마와 떨어지게 될 것 같은 불안함이 마음에 가득 차올랐습니다.

"아가들아, 잘 가렴. 어디서든 싹도 틔우고 꽃도 피워 내 생명을 이어 가렴."

엄마 목소리가 저만치 멀어졌을 때는 씨앗들이 바람결에 어디론가 제각기 날아가고 있었습니다. 보드라운 별처럼 머리를 감싸 주던 아기 씨앗들이 떠나는 모습을 엄마는 그저 올려다볼 수밖에 없었습니다. 가느다랗고 여린 솜털에 빛을 머금고 동실동실 날아가는 모습이 땅 위 하늘 어디쯤엔가 스미듯 희미해질 때까지 하염없이 바라보았습니다. 그러다 문득 엄마 민들레는 엄마가 생각났습니다.

'내가 떠날 때, 우리 엄마도 많이 울었겠구나.'

엄마 민들레가 씨앗이었을 때 엄마와 이별한 곳은 기찻길 침목

틈이었습니다. 엄마의 엄마 민들레 씨앗은 커다랗고 캄캄한 터널을 지나 희미한 가로등 불빛이 스치는 담장을 넘어 땅에 닿았습니다. 긴 어둠이 걷히기 시작하니 새가 지지배배 지저귀는 소리가 들려왔습니다. 기찻길 엄마 품에서 듣던 소리와는 전혀 달랐습니다. 매일 아침 요란하게 들었던 기차 경적 소리가 아주 희미하게 들리는 것도 같았습니다. 그러나 고개를 살짝 들어 보니 하늘의 절반을 초록 잎들이 가리고 있었습니다. 낯선 곳에 왔다는 사실을 실감했습니다.
주위를 둘러보니 엄마처럼 이미 꽃을 피운 민들레도 있고, 자신과 같은 모습으로 씨앗을 아직 품고 있는 민들레, 이제 막 씨앗을 보내고 혈혈단신으로 있는 민들레도 보였습니다. 그리고 다른 곳에서 날아온 민들레 씨앗도 있었습니다. 민들레 씨앗은 다른 씨앗들과 서로 살던 곳에 관한 이야기를 나누며 지냈습니다. 그러다 보니 어느새 뿌리도 내리고 꽃도 피울 수 있었습니다. 말동무가 있으니 심심하지는 않았지만, 기찻길에서 아슬아슬하게 살아가던 엄마가 문득문득 사무치게 그립기도 했습니다. 그건 다른 민들레들도 마찬가지인 것 같았습니다.

이제 남겨진 엄마 민들레는 자기만의 시간을 갖게 되었습니다.

꽃을 피우고 씨앗을 키워 내던 시간을 추억하다 보니 이내 눈물이 말랐습니다. 그리고 기도했습니다.
'우리 아기들도 무사히 뿌리를 내릴 수 있게 해 주세요.'
엄마 민들레의 기도가 하늘에 닿을 무렵, 아기 씨앗들은 각자 어딘가에 내려앉았습니다.

이제 막 엄마 민들레를 떠나 온 아기 씨앗은 자신이 도착한 곳이 어딘지 도무지 알 수 없었습니다. 엄마 민들레로부터 떨어져 나오던 순간에 몹시 긴장하고 두려웠던 나머지 깜박 기절하고 만 것입니다. "부아앙, 끽!" 요란한 차 소리에 정신을 차리고 보니, 주변이 온통 차가운 아스팔트입니다.
'여긴 도대체 어디일까? 다른 씨앗들은 어디로 간 거지? 엄마, 보고 싶어요.'
다시는 돌아갈 수 없는 엄마 품을 그리며 훌쩍훌쩍 울던 아기 씨앗의 마음에 또다시 두려움과 불안함이 엄습해 왔습니다. 바로 그때, 누군가 말을 걸어왔습니다.
"넌 어디서 왔니?"
아기 씨앗이 고개를 들어 보니 보랏빛 단아한 꽃을 피운 풀이 다정하게 묻고 있었습니다.

"저는 아랫마을 학교 운동장에서 왔어요."

"아랫마을? 들어 본 것 같기는 하다만, 아무튼 멀리서 왔구나. 만나서 반가워."

다정한 보랏빛 꽃을 단 아이는 아기 씨앗이 있던 곳을 잘 모르는 눈치였습니다. 그래도 아기 씨앗은 전혀 낯선 곳에서 말이라도 걸어 주는 이 풀에 의지하고 싶은 마음이 들었습니다.

"엄마를 떠나왔는데, 너무 무서웠어요. 엄마가 많이 보고 싶어요. 제가 있던 곳으로 돌아가고 싶어요."

아기 씨앗은 속울음을 삼키다가 모두 말해 버렸습니다.

"그렇구나. 그렇지만 어쩔 수 없지 않니. 이미 그곳을 떠나서 이곳에 도착했고, 너는 씨앗이니 때가 되면 뿌리를 내려야 할 거야."

꽃의 다정한 말투에서 단호함도 느껴졌습니다.

"제가 뿌리를 내려야 할 '때'는 언제일까요?"

아기 씨앗은 이렇게 묻기는 했지만, 사실 뿌리를 내리는 때에 대해서는 엄마로부터 숱하게 들어 왔습니다. 엄마는 매일 밤 아기 씨앗들이 잠들기 전에 자장가처럼 이 이야기를 해 주었으니까요.

"뿌리를 내리고 싹이 트게 하는 일은 우리가 어찌할 수 없단다. 마치 내가 이곳으로 날아온 것을 나 스스로 선택할 수 없었던 것처럼. 해와 비와 흙의 조건이 모두 맞았을 때, 그때 비로소 뿌리를 내릴 수 있어. 뿌리를 내린 후에야 싹도 틔우고 꽃을 피울 수 있게 되지. 잘 자라, 나의 사랑하는 아기들아."

아기 씨앗의 물음에 보랏빛 꽃이 답했습니다.

"글쎄, 그건 기다려 보면 알게 되겠지."

첫인사를 나눌 때보다 조금 덜 다정하게 느껴졌습니다.

아기 씨앗은 엄마가 더 보고 싶어졌습니다. 하지만 돌아갈 수 없다는 사실을 인정할 수밖에 없었습니다. 이제부터 아기 씨앗이 할 수 있는 일은 '때'를 기다리며 살아 있는 것입니다.

며칠이 지났을까요. 어느 날 새벽, 씨앗을 적신 이슬이 걷힐 때, 아기 씨앗은 몸이 근질근질했습니다. 잠시 후 "뽁" 하고 하얀 것이 씨앗의 껍질을 뚫고 나왔습니다. 바로 뿌리였습니다.

한번 모습을 드러낸 뿌리는 물과 양분을 찾아 쭉쭉 뻗어 나갔습니다. 씨앗이 앉은 곳은 보도블록 사이여서 꽤 험난했는데, 씨앗의 엄마가 뿌리를 내린 곳도 운동장 한편, 흙보다는 크고 작은 돌이 켜켜이 쌓여 있는 구석이었습니다. 엄마의 기억을 품고 있는 씨앗의 뿌리는 이 험난한 보도블록 사이에서 물길을 잘도 찾아 뻗어 나갔습니다.

"어머, 너 뭐 하니?"

보랏빛 꽃을 피운 풀이 쏘아붙였습니다. 열심히 뿌리를 내리고 있던 씨앗도 멈칫했습니다.

"내 뿌리가 있는 곳까지 뻗으면 어떻게 해! 좀 비켜 줄래? 안 그래도 좁은 곳에서 가까스로 버티고 있구만!"

씨앗은 머쓱해졌습니다. 그 풀의 말이 너무 차가워서 전에 다정하게 말을 걸어 주던 그 아이가 맞나 싶을 정도였습니다. 씨앗의 마음에 얼음 칼이 스치는 듯한 기분이 들었습니다.

"미안해요."

씨앗의 사과에도 그 풀은 시큰둥했습니다. 반응을 보니 애초에 씨앗을 반길 생각이 없었을지도 모르겠다는 생각이 들어 서글펐습니다. 그래도 뿌리 내리기를 멈출 수는 없었습니다. 보랏빛 꽃을 피운 아이의 뿌리를 살짝 피해서 계속 뻗어 나갔습니다. 그리고 잎을 냈습니다. 햇빛을 듬뿍 받기 위해 잎을 최대한 옆으로 옆으로 활짝 펼쳤습니다.

"아니, 얘가 정말!"

이번에는 보랏빛 꽃을 피운 아이의 잎을 건드릴 뻔했습니다. 예민한 그 풀의 차가운 말을 더 듣기 전에 씨앗은 잎을 최대한 바닥에 붙였습니다.

이제 아기 씨앗의 모습은 온데간데없었습니다. 별똥별 같은 이파리를 납작하고 둥글게 펼친 이 식물 한가운데에서 꽃대가 올라오기 시작했습니다. 그리고 이내 노란 꽃이 수북이 피었습니다. 아기 씨앗이 비로소 엄마 꽃과 닮은 모습으로 자란 겁니다.
'엄마, 나 잘했죠?'

'우리 아기들도 뿌리를 내릴 수 있게 해 주세요.'
운동장에서 아기 씨앗들을 떠나보내며 엄마가 올린 기도가 하늘에 닿았고, 아기 씨앗들은 저마다 어딘가에 도착했습니다.
양지바른 밭둑과 논둑, 민성이네 담장 아래, 재하네 지붕 위, 왕복 8차선 아스팔트 도로 옆 보도블록에도. 한 줌 흙이 있는 곳에도착한 모든 아기 씨앗이 결국 살아남아 노란 꽃을 피워 낸 밤, 반짝이는 아기 별님에 엄마 민들레의 미소가 따스하게 비쳤습니다.

꽃 한 송이에
숨은
치열함과
그리움

첫째 딸 민재의 어린이집 활동 계획표에 있었던 '꽃씨를 날려 보아요' 라는 문구가 이 글의 마중물이 되었습니다. 민들레꽃은 씨앗을 널리 퍼뜨려 번식하고, 척박한 곳에서도 뿌리를 내려 살아가기 때문에 강인한 생명력의 상징이 된 꽃입니다. 그러한 민들레꽃의 처음이 어땠을지 들여다보고 싶었습니다. 강한 것은 처음부터 강했을까. 아직 아가인 민들레 씨앗이 꽃대에서 떨어져 나가는 순간이 설레기만 했을까.

씨앗에게 내 마음을 이입해 보니 꼭 그렇지만은 않았습니다. 내가 줄곧 지내 온 품을 떠나는 것은 불안함을 동반하는 일이었습니다. 나의 의지로 목적하는 곳을 향해 발걸음을 뗄 때도 역시 불안했습니다. 그런데 하물며 오로지 바람에 의지해 떠다니다가 아무 곳에나 떨어질 운명을 타고난 민들레 씨앗은 얼마나 불안하고 두려웠을까. 생각이 거기까지 닿았습니다. 그럼에도 씨앗에는 엄마 민들레가 있던 (주로 척박한) 환경에서 살아남고 적응하던 습관이 내재해 있기에 (유전) 매우 낯설고 거친 곳에서도 정착할 수 있습니다. 식물의 삶의 결을 결정짓는 요인은 크게 두 가지, 즉 이전 세대로부터 이어받은 유전적 요인과 현재의 환경적 요인으로 구분할 수 있습니다.

민들레 씨앗이 척박한 환경에 떨어졌을 때, 말 걸어 주는 이가 있다는 사실이 얼마나 큰 위로가 될까요. 하지만 그이도 본인의 생존을 위해 애쓰고 있는 터라 생존권역이 침범 당하면 까칠해질 수도 있겠다는 상상을 해 보면서 이야기를 썼습니다. 협소한 공간, 양분과 물, 공기구멍이 부족한 조건에서는 더욱이 뿌리 간의 경쟁이 드세질 수밖에 없습니다. 그것이 한 철 피고 지는 꽃이라 할지라도. 얼마나 치열할까요. 땅 위로 가만가만 피어난 것 같은 어여쁜 꽃 한 송이에서 치열함을 읽어 봅니다. 그리고 그 속에서 사무친 그리움을 건져 올려 봅니다. '아, 예쁘다. 너!' 꽃을 바라보며 감탄했던 그 마음에 '대견하다. 얼마나 거칠고 힘들었니?' 다시 말을 걸어 봅니다.

• 함께 들어 보아요

"어느새 내 마음 민들레 홀씨 되어 강바람 타고 훨훨 네 곁으로 간다." 홀씨는 꽃을 피우지 않는 이끼 같은 식물이 무성생식을 하기 위해 만드는 생식세포(포자)를 의미하는 단어라 '민들레 홀씨'는 엄밀히 말하면 틀린 표현입니다. 그럼에도 박미경의 노래 '민들레 홀씨 되어'를 듣고 있으면 솜털을 달고 있는 민들레 씨가 날아가는 모습이 바로 연상됩니다. 아마도 한데 모여 있던 씨들이 홑알로 흩어져 훨훨 날아가는 모습이 말소리와 잘 어울리기 때문이 아닐까 싶습니다.

• 함께 읽어 보아요

이세 히데코(글·그림), 《나무의 아기들》, 천개의바람

엄마에게서 멀어져 여행을 떠나는 씨앗을 아기에 비유해 연필로 그린 그림과 다정하고 담백한 글이 참 좋습니다. 느릅나무의 아기, 벽오동나무의 아기, 보리수나무의 아기, 참나무의 아기 등 아주 다양한 나무의 씨앗을 만날 수 있습니다. 다람쥐 같은 동물이나 바람의 도움으로 엄마 곁을 떠나는 나무의 아기들의 모험이 너무 사랑스럽습니다.

권정생, 《강아지똥》, 길벗어린이

강아지 흰둥이가 길에 눈 똥이 책의 주인공입니다. '더러운 개똥' 취급을 받으니 개똥 스스로도 '나같이 더러운 똥이 세상에 왜 있냐?'는 생각을 하며 시무룩해집니다. 그러던 어느 날, 민들레 싹을 만나 민들레를 자라고 꽃피우게 하는 거름이 되어 주면서 비로소 자신도 세상에 도움이 되는 존재가 된다는 사실을 알게 됩니다. 상처 입은 자가 힘껏 안아 주고 곁을 내줄 때 피워 낼 수 있는 아름다운 꽃과 짙은 향기를 생각하게 만드는 책입니다.

향기가 되어

향기가 닿을 때면
너에게 가는 문이 열려

안녕 나에게 말을 걸어
두근 심장이 뛰어

향기가 닿을 때면
너에게 가는 문이 열려

안녕 나에게 말을 걸어
두근 심장이 뛰어

피고 지는 꽃들의 향기도 여전히
이젠 멀리 너의 향기도 여전히

향기가 되어 다가가면
거기 날 찾을 수 있을까

안녕 너에게 말을 걸어
소곤 바람이 불어

피고 지는 꽃들의 향기도 여전히
이젠 멀리 너의 향기도 여전히

피고 지는 꽃들의 향기도 여전히
이젠 멀리 너의 향기도 여전히

뭇 생명이 남긴
향기는
여전히 우리 곁에

2013년 4월, 현대무용가 안은미 선생님이 주최한 '피나 안 인 서울' 무대를 함께 준비한 인연으로 저와 서동요, TEO가 'ㅇㅈㄹ'이라는 3인조 밴드를 결성해서 노래를 짓고 부르곤 했습니다. 세 사람이 TEO 자취방에 모여 이런저런 수다를 떨다가 마음에 닿는 소재가 있으면 그것으로 가사를 짓고 곡조를 붙여 함께 노래를 완성하곤 했지요.

그리고 2014년 4월, 저는 세월호 참사로 교회 제자를 먼저 하늘나라로 떠나보내야만 했습니다. 잔인한 4월의 시간을 보내고 있던 당시 음악을 마주하기란 쉽지 않은 일이었습니다. 교회 동생 예은이는 가수나 뮤지컬 배우가 되는 것이 꿈인 아이였기 때문에, 노래를 지어 부르는 것은 물론이고 다른 이들이 부르는 노래를 듣는 것조차 힘들었습니다. 하지만 (역시 '피나 안 인 서울' 공연으로 인연이 닿은) 장효경 작가가 참사가 일어나기 전부터 본인이 '향기'를 주제로 준비해 온 전시회 첫날 '향기'를 주제로 노래를 만들어 불러 달라는 요청을 했었기 때문에 다시 노래를 만들어야 했습니다. 우리가 자주 모이던 망원동 TEO 집 근처 공터에 자리를 펴고 앉았습니다. 우리는 무엇을 만들어 내려 애쓰지는 않았습니다. 다만, 텅 빈 눈동자로 아무 공간을 응시하던 제게 아무렇게나 자라고 있는 개망초가 보였습니다.

개망초는 국화과 식물로 꽃의 중심에 노란 통상화(꽃부리가 관 모양으로 되어 있는 작은 꽃)가 모여 있고, 이를 둘러싼 하얀 설상화(꽃부리가 한쪽으로 길게 펼쳐진 혀 모양 꽃)의 모습이 마치 달걀 프라이 같다 해서 '계란

꽃'이라고도 불리는 풀입니다. 개망초는 누가 부러 가꾸는 이 없어도 어디서든 흔히 볼 수 있는 풀이기도 합니다. 꽃을 피운 그 개망초 무리에 마음속으로 말을 걸었습니다.

'오늘 피어 있는 네가 작년에 피고 진 꽃과 같은 몸이 아니어도 그 향(본질)은 여전히 전해 오는구나. 앞으로도 그렇겠구나.'

그리고 마르지 않는 눈물을 닦으며 새하얀 백지가 되어 버린 저는 펜을 들었습니다. 제가 적은 가사에 서동요가 선율을 얹고, TEO가 코드를 찾아가면서 1절을 완성했습니다. 그리고 몇 주 뒤 성균관대학교 정문 어귀 벤치에서 다시 만나 2절 가사를 썼습니다. 지금은 멀리 사라져 버린 것 같은 시간과 갑작스레 스러진 생명들이 남긴 향기가 여전히 남아 있다고, 향기로 찾아오는 너를 우리는 언제든 다시 만날 수 있다고, 그렇게 우린 여전히 함께라고, 마음을 담아 노래했습니다.

2022년 2월 하늘나라로 가신 사랑하는 외할머니가 그리워질 때도 이 노랫말을 떠올립니다. 외할머니는 목련과 백합을 참 좋아하셨습니다. 할머니 생전에도 이른 봄 목련꽃이 피고 지는 모습을 볼 때마다 외할머니가 보고 싶었습니다. 꽃은 수분을 매개해 줄 곤충들을 불러 모으기 위해 향기를 냅니다. 그 향기가 내 마음에 그리운 이를 불러 줍니다. 백합꽃이 활짝 피는 5~6월에 저의 일터인 국립산림과학원 본원의 정문에 들어서면 그 향이 제 온몸에 스밀 듯 진동합니다. 그리고 마치 저를 꼭 끌어안아 주는 외할머니의 품에서 느껴지던 짙은 사랑의 향기가 전해져 오는 듯합니다. 이제 그 품을 만질 수는 없지만, 그리움이 짙어지는 계절이면 노래로, 향기로, 그리운 이를 내 마음 가까이 불러낼 수 있다는 사실에 작은 위로를 얻습니다.

• 함께 들어 보아요

2014년 여름, 망원동 공터에 자리한 개망초를 보고 친구들과 함께 만든 '향기가 되어'라는 노래는 옆의 큐알코드 링크로 들어볼 수 있습니다.

1993년 12월 29일

수요일 맑음

그림_김민재

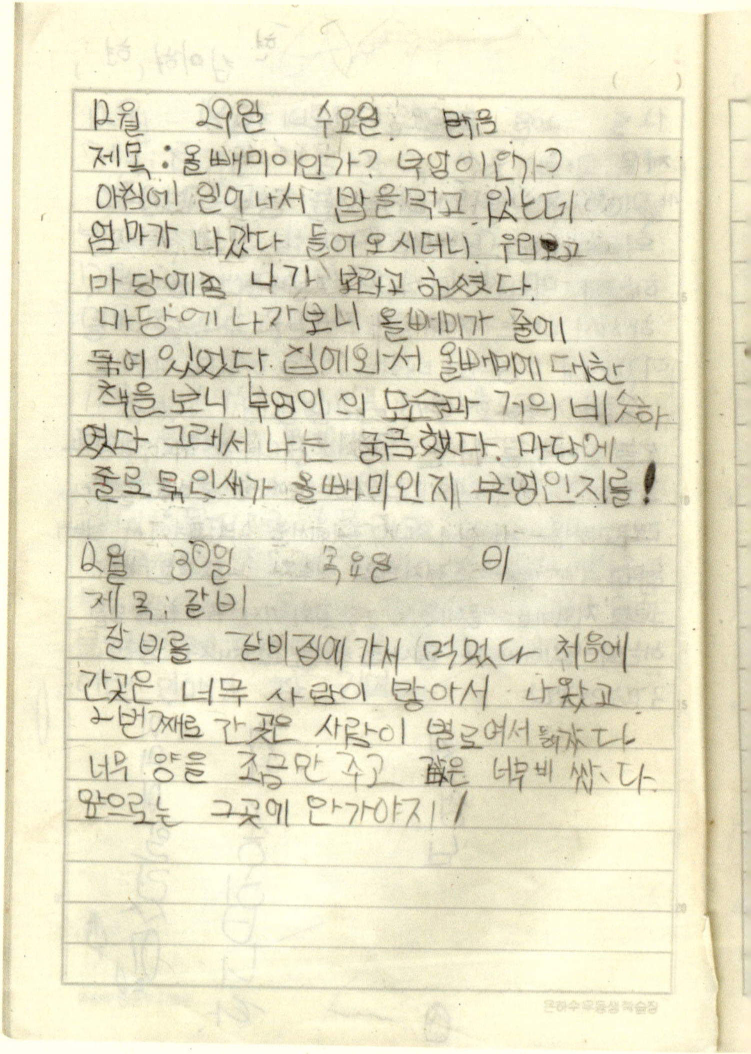

12월 29일 수요일 맑음
제목 : 올빼미인가? 부엉이인가?
아침에 일어나서 밥을 먹고 있는데
엄마가 나갔다 들어오시더니 우리보고
마당에좀 나가 보라고 하셨다.
마당에 나가보니 올빼미가 줄에
묶여 있었다. 집에와서 올빼미에 대한
책을 보니 부엉이의 모습과 거의 비슷하
였다 그래서 나는 궁금했다. 마당에
줄로 묶인새가 올빼미인지 부엉인지를!

12월 30일 목요일 비
제목 : 갈비
갈비를 갈비집에 가서 먹었다 처음에
간곳은 너무 사람이 많아서 나왔고
2번째로 간 곳은 사람이 별로여서 들어갔다
너무 양을 조금만 주고 값은 너무비 쌌다.
앞으로는 그곳에 안가야지!

나비효과

1993년 12월 29일 날이 맑았던 수요일, 열 살이었던 저는 집 마당에서 산새를 보았습니다. 올빼미인지 부엉이인지, 우리 집 마당까지 올 리 없는 그 새가 마당 한쪽에 무기력하게 서 있었던 장면을 기억합니다. 그뿐만 아니라 당시 다람쥐, 토끼 등 산짐승이 마당에 바글바글하게 모였다가 어느 순간 감쪽같이 자취를 감추었습니다. 우리 마을은 작고 아담한 산으로 둘러싸인 고즈넉한 농촌이었는데, 그즈음 송전탑을 세우기 위해 봉긋 솟은 산꼭대기에서 공사가 시작되었습니다. 짐작하건대 공사 때문에 서식처를 잃은 산짐승들이 피할 곳을 찾다가 우리 집 마당까지 다녀간 것 같습니다.

숲은 나무와 풀뿐만 아니라 크고 작은 동물들이 살아가는 터전입니다. 새들의 둥지가 되기도 하고 잠깐 쉬어 가는 쉼터가 되어 주기도 합니다. 우리의 시야가 닿지 않는 땅 속에도 동물과 미생물들이 복잡한 상호작용의 그물망을 이루며 살아가고 있습니다. 거대한 중장비의 침입을 미처 피하지 못한 땅속 생물들은 어떻게 되었을까요.

그로부터 3년 뒤, 6학년 방학 숙제로 지은 환경 동시 '땅속에 묻힌 기억'(1996)에는 우리 집 뒤로 4차선 도로 신설 공사가 한창이었던 때의 기억을 담았습니다.

땅속에 묻힌 기억

봄 새순이 돋아나고
아지랑이 흩어지던 3월
복숭아나무 힘없이
쓰러지던 날

뒷산 허리가 끊어져
푸른 나무가 울던 날

싱그러운 가을의 과수원
흙 속으로 사라지고 찾아온
집채만 한 무서운 기계들

아침나절 소음은
풀벌레를 몰아내고
우리 집을 흔들어 대는
낯선 진동

싱그러운 여름이

꼭꼭 닫은 유리창 흙먼지에 쫓겨
산 너머로 가 버리던 날

어머니가 묵묵히
창틀의 흙먼지를 닦는 모습이
흑백 화면으로
정지되어 버리던 날

4차선 도로는 산허리를 가로지르며 우리 동네와 이웃 동네를 오가는 아주 예쁜 길도 덮었습니다. 환경이 바뀌니 그곳에 기대어 사는 사람들의 행동 패턴, 관계도 변화했습니다. 자유로이 넘나들던 이웃 마을에 가기 위해서는 이제 차들이 쌩쌩 달리는 4차선 도로를 건너거나 음침한 굴다리를 건너야 해서, 걸어서 동네를 오가는 일을 머뭇거리게 되었지요. 이러한 일련의 경험을 통해, 우리에게 아낌없이 주는 숲을 이용하는 과정에서 경관 단위의 인위적 개입은 숲을 의지하며 살아가는 생명들의 존재 형태와 상호 관계의 변화에 심각한 영향을 미친다는 것을 체감했습니다.
중학교 1학년이었을 때, 우연히 제러미 리프킨의 《생명권 정치학》이라는 책을 접했습니다. 당시에 가장 인상 깊었던 내용은 지구의 허파로 불리는 아마존 산림의 파괴와 관련한 내용이었습니다. 내용인즉슨 우리가 즐겨 먹는 햄버거 속 패티에 넣을 소고기를 값싸게 생산하기 위해 아마존의 열대우림을 불도저로 밀어 버리고 그곳에 소를 키운다는 것입니다. 그곳에 살던 원주민들은 대부분 도시 빈민이 되고 있다는 이야기가 충격적으로 다가왔습니다.

그리고 앞서 소개한 저의 어린 시절 경험이 떠올랐습니다. 제가 좀 더 값싼 햄버거를 먹을 때마다 산림과 그곳 사람들의 희생이 동반된다는 사실에 마음이 무거워졌습니다. 그렇게 생산된 햄버거를 먹기 위해 돈을 지불하는 것은 그 모든 생산 과정과 방식에 힘을 보태는 일이라는 생각이 들었습니다. 제가 지불한 돈이 해당 품목의 생산과 공급 체계를 지속하게 하는 밑천으로 쓰일 테니까요. 더욱이 패티의 대량생산 공정을 고려할 때, 어쩌면 여러 마리 소의 살점이 뒤엉켜 있을 수도 있겠다는 생각에까지 이르니 쉽사리 햄버거에 손이 가지 않았습니다.

지금 이 순간에도 제 삶의 행위가 자연과 타인의 삶에 크고 작은 영향을 미치고 있다는 생각이 떠오르면 더 나은 선택이 무엇일지 고민하게 됩니다. 소소한 일상 속 선택의 파급력이 얼마나 될까 싶을 수도 있겠으나, 작은 실천이 모이면 큰 변화를 이루어 낼 수 있습니다. 행여 그 속도가 더딜지라도.

• 함께 읽어 보아요

스에요시 아키코(글), 하야시 아키코(그림), 《숲속의 숨바꼭질》, 한림출판사

민희는 우연히 발견한 숲에서 만난 숨바꼭질 요정, 동물들과 함께 놀이를 합니다. 사실 민희가 발견한 숲은 아파트가 들어서기 전에 숲이었던 동네 아파트 단지였어요. 지금 우리가 딛고 있는 아스팔트 땅은 이전에 어떤 곳이었을까요? 그리고 그때 살았던 생명들은 지금 어디서 숨바꼭질하고 있을까요?

덩컨 비디(글·그림), 《우리 집이 사라졌어요》, 삼성출판사

새, 고슴도치, 수달이 차례로 나무꾼 짐 아저씨 집을 찾아옵니다. 본인들의 집이 아저씨 때문에 사라졌다고 따지면서요. 이에 나무꾼 아저씨는 묘책을 내는데, 그 과정이 흥미롭습니다. 이 그림책은 산림 이용이 동물들에게 미치는 영향을 생각해 보게 합니다.

아누크 부아로베르·루이 리고, 《나무늘보가 사는 숲에서》, 보림

숲이 훼손되었을 때 그곳에 살던 나무늘보와 다른 동물, 사람 들이 받게 되는 피해, 그리고 회복의 희망을 팝업과 플립으로 재미나게 담아 낸 책입니다. 페이지를 넘길 때마다 곳곳에 그려져 있는 여러 생명들을 찾아보는 재미가 쏠쏠합니다.

닫는 글

길(나의 역사)

진성고등학교 2학년 5반 17번 박고은

1.

서울의 번화가 퇴계로를 등지고 울퉁불퉁 흙길을 따라 지금 내가 사는 이곳 화정동으로 이사한 지 어언 12년이 다 되어 간다.

농촌 마을 한쪽에 자리한 작은 교회의 사택.

낮은 언덕배기 아래로 논과 밭, 들로 이어지는 크고 작은 길들.

그 길의 생성과 소멸.

지금은 폐교되었지만 그래도 4학년 1학기까지는 10명이 채 안 되는 반 친구들과 초등학교 운동장으로 이어지던 지름길에서 뛰어 놀았다. 집 근처 논두렁이 대도시를 잇는 4차선 도로로 바뀌기까지 우리 마을의 여러 길들은 형태와 기능에서 많은 변화의 과정을 거쳤고, 그에 따라 마을 이웃의 생활양식에도 변화가 생겨났다.

주변 환경이 그 사람의 가치관과 인격 형성에 많은 영향을 준다고 했던가! 강산도 변한다는 10여 년 동안 내가 몸담아 온 흙내 나는 이 아담한 자연 환경의 크고 작은 변화는 나의 인생관에도 많은 영향을 주었다.

2.

흙길, 그리고 아스팔트

우리 가족이 이곳에 처음 삶의 터를 잡았을 때, 마을 한가운데에 500여 년간 우리 마을의 역사와 함께 해 온 아름드리 느티나무가 있었다. 이 느티나무가 있던 자리에서부터 넓고 좁은 길이 마을 구석구석으로 연결되어 있었다. 당시 그 길들은 모두 벌건 흙길이었다. 탈탈탈탈. 주업이 농사였던 마을 사람들이 저마다 경운기를 몰고 다니며 품앗이를 하던 길이었다.

바로 논밭으로 이어지던 길 위에서는 여기저기 이름을 알 수 없는 들꽃들이 매일 새로운 얼굴을 내밀고 있었고, 철 따라 다양한 풀벌레 소리를 마음껏 즐길 수 있었다. 무엇보다 이곳은 정월대보름 밤에 동네 아이들이 함께 모여 쥐불놀이를 즐기는 곳이었다. 정월대보름에 붉게 달구어진 깡통을 열심히 돌리다가 그것들을 모두 논으로 던져 버리고 나서 양재기와 수저를 들고 집집마다 해 놓은 오곡밥을 얻어먹는 것이 우리들의 빼놓을 수 없는 정월대보름 의례였다. 슬금슬금 뒤뜰로 통하는 부엌으로 들어가 밥 몇 숟가락 퍼 와도, 아주머니는 알면서 모른 척 미소로 넘어가시거나, 오히려 쉽게 가져갈 수 있도록 아예 따로 우리 몫을 챙겨 두었다가 나물까지 담아 주셨다. 그때의 흙길은 아주머니의 후덕한 마음씨까지도 담아올 수 있었던 길이었다. 내가 5학년이었을 때는 아는 오빠가 잡아 온 참새 몇 마리를 함께 구워 먹기도 했었다. 바로 그 길 위에서.

그러나 이제는 그때의 아이들이 모두 다 자라 버렸고, 집집마다 부엌은 굳게 잠긴 집 현관 안으로 들어가 버려 어릴 적 우리들의 놀이는 기억 속의 한 장면으로만 남아 있다. 시간이 지남에 따라 각 가정마다 새롭고 다양해진 농기구와 곡식을 옮기기 위한 트럭을 마련하다 보니 포장도로의 필요성이 절실해졌고, 들꽃 피던 흙길은 이내 검은빛 아스팔트로 덮여 민들레가 뿌리 내릴 자리가 사라져 갔다. 비가 추적추적 와도 더 이상 흙탕물이 튈 것을 걱정하지 않아도 되었지만, 그래도 아스팔트 껍데기에 눌려 숨쉬지 못하고 있을 땅이 불쌍하고 염려스러웠다.

공중으로 지나가는 길

초등학교 4학년까지는 매일 오전 6시에 '어린이 애향단'이라는 이름으로 한 마을에 사는 학교 친구들이 학교 운동장에 모여 함께 주변 잡초도 뽑고 휴지도 주웠다. 매주 토요일에는 교감선생님과 함께 마을 산에 오르곤 했다.

그러던 1994년 어느 날 우리의 등산로였던 푸른 오솔길은 커다란 덤프트럭이 흩뿌리고 지나가는 흙먼지로 뒤덮이기 시작했고, 곧 산의 머리가 잘려 나가면서 마을에 또 하나의 큰 길이 생겨났다. 그것은 바로 고압선.

안산시의 공단으로 공급되는 전력이 바로 우리 머리 위로 지나가게 된 것이다. 우리 마을은 공사 결정이 난 후부터 술렁거렸다. 어른들 사이에서 오고 가는 대화는 온통 걱정하는 말뿐이었다. 고압전선이 지나가면 두통도 심해질 것이라면서.

자연과 함께 5~60년을 살아온 동리 웃어른들은 더욱 분개하셨다. 마을을 감싸고 있는 산들이 붉은 살을 드러내는 것을 차마 용납할 수 없으셨던 것이다. 더군다나 주민들의 의사가 충분히 반영되지 않았고, 그에 따른 피해 보상도 제대로 이루어지지 않았던 공사였기 때문에 〈PD수첩〉에 신고를 하느니 마느니, 의견도 분분했다. 그러나 머뭇거리는 사이 벌써 잘린 산의 머리에는 집채보다 큰 괴물 같은 철탑이 줄지어 섰다. 우리의 '애향단'은 토요일마다 하던 등산을 그만두어야 했다.

끊어진 산의 정기精氣, 그리고 반가운 손님 다람쥐와의 짧은 만남

"누나, 누나, 우리집에 다람쥐 있다!"

내가 중학교 2학년이었을 때, 학교에서 돌아온 내게 남동생이 신이 나서 말했다.

"다람쥐라고? 혹시 쥐를 다람쥐로 착각한 것 아니니?"

동생의 말이 쉬이 믿어지지 않았다. 그러나 잠시 후 다시 마당에 나갔다가 눈으로 다람쥐를 직접 보고 그 말이 사실임을 확인할 수 있었다. 한 마리가 아닌, 적어도 대여섯 마리는 되어 보였다. 우리 남매는 다람쥐가 마당에서 처음 발견된 이후로 매일 땅콩이나 과자 부스러기 같은 것을 마당 한쪽에 놓아 두었다. 정말 신기하게도 다람쥐는 우리가 아침 일찍 등교하면서 놓아 둔 먹이를 하루도 거르지 않고 가져갔다. 새 생명에게 생명의 줄을 이어 주던 일의 보람은 지금도 잊을 수 없다.

'왜 갑자기 다람쥐들이 우리집 마당으로 온 것일까?' 하는 궁금증을 풀지 못하고 있었는데, 같은 해, 학교에서 돌아온 후 홀로 집을 지키고 있던 어느 오후에 갑자기 집안이 흔들리기 시작했다.

딸그락, 딸그락. 그릇장의 그릇이 심하게 요동쳤고, 혼자 있던 나는 지진이 났나 싶어 얼른 집 밖으로 뛰어나갔다. 밖으로 나가자마자 내 눈앞에 펼쳐지고 있는 광경을 보고 놀라지 않을 수 없었다. 덤프트럭 수십 대가 흙을 잔뜩 싣고 오가고 있었다. 우리 집 뒤쪽의 산허리를 타고 그 덤프트럭들은 쉼 없이 오갔다.

여름마다 미꾸라지를 잡던 개천도 산에서 퍼온 흙으로 메워졌고, 논밭의 상당 부분이 흙으로 덮였다. 더군다나 마을을 품어 주던 산이 두 동강이 났다. 그로부터 2년 뒤인 2000년도에 우리집 뒤쪽으로 광명시와 안산의 공단을 직선으로 잇는 4차선 도로가 생겼다. 예전 우리 집을 방문했던 다람쥐는 아마 그때부터 시작했던 공사 때문에 삶의 터전을 잃었던 것 같았다. 이제 우리집 앞마당에서 다람쥐를 볼 수 없게 되었다.

탈탈탈, 경운기가 다니던 소박한 흙길이 이제는 이웃 대도시인들이 사용하는 출퇴근길의 일부가 되었다. 젊은 사람들이 그 과감한(?) 직선 도로를 타고 대도시로 출근하는 바람에 이제 마을의 논과 밭은 등이 굽은 할머니와 할아버지만이 가까스로 돌보고 있다.

3.

생성과 소멸의 반복 끝에

오늘 아침에도 학교로 등교할 때 집 뒤로 나 있는 4차선 도로의 중앙선에 개가 한 마리 차에 치어 죽어 있는 것을 보았다. 죽은 지 몇 주나 되었지만, 그 놈의 살이 썩어 들어가 말라비틀어져도 다른 곳으로 치워 줄 수 없을 만큼 시도 때도 없이 많은 차들이 빠르게 질주한다.

길은 사람과 사람을 만나게 해 주는 장소가 아니던가. 길이 넓어지면 넓어질수록 우리가 만날 수 있는 장소가 더 커지는 것 같지만, 알고 보면 그 넓어진 길이 사람 사이를 더 멀어지게 하는 것 같다. 게다가 새로운 길은 곧 자연 환경 훼손으로 연결된다. 이런 일이 반복되는 모습을 보면서 나는 마음 속으로 계속 다짐하고 있다. 우리 인간이 지금까지 지구에게 가한 상처가 너무나도 깊어 회복이 힘들지도 모르겠지만 아무쪼록 나의 남은 일생은 깨끗한 자연, 있는 그대로의 자연, 그 옛날 민들레꽃 피던 흙길을 다시 찾는 일에 힘을 보태야겠다고.

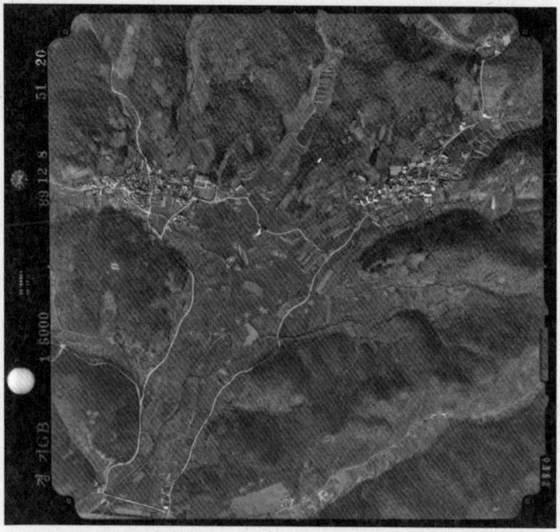

1989년 우리 마을의 모습(출처_국토지리정보원)

2024년 우리 마을의 모습(출처_국토지리정보원)

감사의 말

중학교 2학년 때, 환경지킴이가 되고 싶다는 마음이 생긴 이후로 저의 장래 희망은 늘 '환경연구원'이었습니다. 산림 생태계를 연구하는 임업연구사가 되기까지 저의 꿈은 직업을 넘어, 제가 지향하는 삶의 자리에 더 가까워졌습니다. 자연과 자연, 자연과 사람, 그리고 사람과 사람의 깨진 관계 회복에 미미하게라도 기여하는 삶을 살아가는 것이 저의 비전입니다. 지향하는 바가 뚜렷해지니 수많은 선택의 순간에도 이 비전을 잣대로 삼습니다. 내가 하는 선택이 어떠한 관계 회복에 도움이 되는지를 묻습니다. 그리고 이는 직업의 경계를 초월합니다.

중학생 시절 안산 성호백일장에 나간 적이 있습니다(당시 소설 부문 금상을 받았습니다). 그날 아침 집을 나서는 저에게 엄마가 해 준 말을 기억합니다. "마음 다해 쓴 글은 언젠가 누군가의 마음에 가 닿게 되어 있다." 그런 의미에서 이 책이 누군가에게 관계 회복의 길을 선택해야겠다는 마음이 생기게 하는 마중물이 되었으면 합니다.

지금까지 내 생에 꿈의 씨앗이 있다는 것을 발견하게 해 주고, 싹을 틔우고 키워 가는 전 과정에 도움을 준 모든 분에게 감사의 마음을 전합니다. 저를 먼저 찾아 주시고 제 안의 이야기를 길어 올려 주신 목수책방 전은정 대표님, 〈아름다운 동행〉에 칼럼 연재 기회를 주신 이경남 선생님, 이 책에 실린 글을 온 마음을 다해 읽고 따스한 그림으로 구현해 주신 김수나 작가님, 노래 '벼꽃'의 가사 전문 수록을 흔쾌히 허락해 주신 루시드폴님 감사합니다.

책 마지막에 실은 글은 고등학교 2학년 국사 시간에 선생님이 내 준 과제의 일환으로 작성한 것입니다. '나의 역사'를 주제로 자유로운 형식의 글을 짓는 과제였는데, 저는 주제를 '길'로 정했습니다. 당시 국사를 가르치신 이영종 선생님께서 훗날 이 글을 저의 대학교 입학 추천서와 함께 대학으로 보냈다는 사실을 알게 되었습니다. 다시 꺼내어 읽어 보니, 어린 시절 마을 '길'의 변화를 중심으로 인간의 개입이 초래한 자연환경의 변화가 우리 삶에 어떠한 영향을 미쳤는지 경험하고 느꼈던 순간이 생생하게 떠오릅니다. 나의 꿈의 씨앗이 깃든 서툰 기록을 이 책의 닫는 글로 넣어 보았습니다. 저는 이제 처음에 가졌던 마음에 비추어 현재의 좌표를 돌아보고, 앞으로 여러분과 함께 빚어갈 시공간을 꿈꾸며 제가 해야 할 일에 최선을 다해 보려고 합니다.

우리 곁의 뭇 생명을 돌아보게 하는

목수책방의 책

서울 사는 나무

장세이 지음

도로 옆, 공원, 궁궐에 터 잡고 우리와 함께 살아가는 나무들에 관한 이야기. 우리 곁의 큰 생명인 나무를 올려다보며 생명 존중과 인간성 회복의 의미를 되새기게 하는 책이다.

서울 화양연화

김민철 지음

주변에서 흔히 볼 수 있는 식물에 관한 흥미로운 이야기들이 담겨 있다. 저자는 독자들이 쉽고 재미있게 식물에 다가갈 수 있도록 한국 소설에서 주요 소재 또는 상징으로 나온 꽃을 찾아 이야기를 풀어 가는 작업을 하고 있다. '식물 초보자'를 위한 훌륭한 안내서다.

우포늪, 걸어서

손남숙 지음

창녕에서 나고 자란 시인이 10여 년 동안 우포늪에 깃들여 사는 생명들을 만나면서 느낀 것들을 글과 사진에 담은 책. 자연과 그 안에서 함께 살아가는 생명들을 사랑하는 방법을 이야기하는 책이기도 하다.

나무, 이야기로 피어

손남숙 지음, 장서윤 그림

우리 곁의 나무와 그 나무에 깃들여 사는 수많은 생명들을 애정 어린 눈으로 바라보며 살아가는 시인이 쓴 나무 에세이. 특정 장소에 뿌리 내리고 사는 나무의 몸에 새겨진, 누군가의 소소하지만 의미 있는 삶의 이야기를 들려준다.

자연을 사랑하는 법

이순우 지음

수십 년간 자연을 향한 자신의 사랑을, 볼 때마다 느끼는 경이로움과 신비함을 표현하기 위해 색연필과 펜을 든 한 아마추어 자연주의자의 순수한 자연 사랑이 담긴 글과 그림의 기록이다.

씨앗부터 키워서 천이숲 만들기

김성란 · 노을공원시민모임 · 오충현 지음

쓰레기산에서 뭇 생명을 품는 큰 숲을 꿈꾸며 씨앗부터 심어 나무를 키우는 '노을공원시민모임'의 창립 이후 12년의 발자취를 좇는 책이다. 다양한 생명이 공존하는 도시숲을 만들어 가는 세세한 과정과 그 작업의 의미를 알게 해 준다.

정원 잡초와 사귀는 법 - 오가닉 가든 핸드북

히키치가든서비스 지음, 양지연 옮김

해롭고 성가신 존재로 취급받는 '잡초'를 생태계를 위한 중요한 동료로 바라보게 해 주며, 정원 식물에 기대어 사는 뭇 생명과 공존하며 건강하고 아름다운 정원을 만드는 법에 관한 실용적이고 풍부한 정보를 제공하는 책이다. 무엇보다 정원에서 흙과 생물이 맺는 유기적 관계를 염두에 두고 '잡초'를 새롭게 바라볼 수 있도록 이끌어 준다.

너도 씨앗을 품게 될 거야 어른과 아이가 함께 읽는 생태 이야기 책

지은이 박고은
그린이 김수나

1판 1쇄 펴낸날 2026년 1월 5일

펴낸이 전은정
펴낸곳 목수책방

출판신고 제25100-2013-000021호
대표전화 070 8151 4255
팩시밀리 0303 3440 7277
이메일 moonlittree@naver.com

블로그 blog.naver.com/moonlittree
페이스북 인스타그램 moksubooks
스마트스토어 smartstore.naver.com/moksubooks

디자인 studio fttg
제작 야진북스

ISBN 979.11.88806.78.2 (03810)
가격 20,000원